ホカツと家族

家族のカタチを探る旅

アサダワタル

平凡社

本書は「ウエブ平凡」(http://webheibon.jp/)で
二〇一七年一一月〜二〇一九年八月まで連載されていた
「ホカツと家族——どんな場所でも〝親〟になる」を
改題し、まとめたものです。

目次

はじめに

本書は、僕の家族生活の変遷を通じて、そもそも自分たちに最も適した「家族のカタチ」とは何かという問いに向き合った、エッセイ&インタビュー集だ。

子どもを授かって、一番変わっていくことはなんだろう？　保育？　教育？　地域？　仕事？　経済？　家族の在り方？　社会のあらゆることが、「自分ごと」として押し寄せるなか、悩みながらも「家族」を営み、ひとりの「親」になっていく。そのことの難しさ、そしてその難しさを逆手にとった創意工夫について、その時々の状況とともにリアルタイムで綴った。

最初のトピックは「ホカツ（保活、子どもを保育園に入れるために保護者が行う活動）」。保育園の入園激戦区では必ずぶちあたる、重大な社会問題だ。僕の仕事の都合で、国内随一の保活地獄・東京に転居したことをきっかけに、僕ら家族は子育てにまつわる多様な知恵を手繰り寄せるべく、もがくこととなる。と同時に、世の中には「家族のスタンダード像」が未だ確実に存在し、それを支えるための仕組みの不都合さにも気づくようになる。そんな厳しい現実に一喜一憂しながらも、「親が子どもとともに、いかに楽しく地域で暮らすか」というテーマについても、尊敬する先輩ママと保育士との対話を通じて、ポジティブに模索することとなった（第5〜7章）。

そして、保活から始まった葛藤は、「家族のカタチ」というテーマに向かうこととなる。夫婦と子どものみで構成される核家族での生活に限界を感じ、「誰に家族の一員として参加してもらうか」を議論することに。子どもを含む別々の世帯がともに暮らすシェアハウスを営む知人や（第9、10章）、親世代も含めた大家族にこだわり、かつ自営業による公私混同地域生活を理想とする仕事仲間（第11、12章）、何の縁もゆかりもない離島に転居し、妻は子どもと親夫婦たちと暮らし、夫は単身でもといた土地に残り二拠点生活を送るユニークな友人夫妻（第14、15章）。彼ら彼女らとの出会いをもとに、僕ら家族は、その時々の変化を柔軟に受け入れつつも、根っこにあるサステナビリティ（持続可能性）を失わない家族のカタチを求め、動きだした。

繰り返すが本書は「リアルタイム」で書かれたものだ。具体的には、二〇一七年一一月から二〇一九年八月までウェブ平凡に掲載された連載をもとに構成している。滋賀から妻と長女を連れて東京に移り住み、その間に次女が誕生して妻の実家の新潟に一時里帰りしたり、その後東京で保活に参戦し、前述したようなさまざまな試練と素敵な家族たちとの出会いを経たりと、(この「はじめに」を書いている)二〇一九年一一月現時点でのライフスタイルは、連載開始当時は想定できなかったものになっている。著者本人でも意図していない家族の変遷からは、相当な「ライブ感」を味わっていただけるだろう。

執筆を通じて、心底実感したこと。それは、「家族のカタチに正解はないこと」「家族のカタチは常に変化の途上にあること」そして、「家族のカタチに何ひとつとして同じものはないということ」だろうか。

よくよく考えればしごく当たり前の気づきを得るのに、苦労がつきものであることさえ受け入れられれば、「家族のカタチを探る旅」は実に豊かで面白い。

本書を通じて、読者の皆さんが、その旅をご自身なりの経験も踏まえて追体験していただければ幸いだ。

第1章

待機児童の激戦区へわざわざダイブ……!?

「やっぱ東京に住みたいんやけど……」

二〇一六年春のある日のこと。前々から思っていた希望を、勇気をもって妻に伝えてみた。すると妻から真っ先に返ってきた答えは、意外なものだった。

「えー！ 保育園どないすんのよ？ 簡単に入れないんやよ！」

正直、「ツッコミ入れるとこ、そこ？」と思ったが、じわじわとその返答が重くのしかかってきた。冷静に考えれば、いま僕も妻も両方働くことができているのは、娘を保育園に預けられているからだ。こうして、これまでろくに考えたこともなかった「待機児童」という社会問題が、突如として「自分ごと」になった。

まずは自己＆家族紹介

さて、わたくしアサダワタルは、「アートと社会活動」をテーマに、全国津々浦々でアートイベントの企画・演出、書籍や各種メディアで執筆活動を続けてきたフリーランスのクリエイターである。あわせて、いくつかの大学で研究員や講師として働く非常勤教員という立場もある。

生まれは大阪府堺市。二〇一七年現在三八歳。二〇〇九年、新潟県妙高市出身の妻と結婚。二〇一一年まで三二年間大阪に住み、二〇一二年に滋賀県大津市に移住。二〇一三年一一月に愛娘《まなむすめ》ミコを授かる。

二〇一〇年頃から東京での仕事が増え、関西をメインにしながら、これまで浅草橋、新橋、初台と友人のシェアハウスを間借りして、東京に第二住所をもち東西移動生活。いわゆるノマドワーカー的な働き方を八年くらい続けてきた。

妻は、文化施設の事務職や自治体が主催するアートイベントのスタッフとして働いてきたが、妊娠・出産後は一年半子育てに専念。二〇一五年四月からミコを大津市の保育園（1歳児クラスから）に預け、県内の福祉系の法人で事務職としてパート勤務。そして、二〇一七年の現在の状況は……、このあと書いていく。

「東京に住みたいかも」と思ったのは、二〇一五年くらいから。仕事で東京に滞在する時間が飛躍的に増え、そこでの素敵な出会いや数年先の展開を考えれば、「関西にいるより東京にいた方が、少なくとも当面は動きやすそうだな」と感じたからだ。まぁ、大雑把に言ってもアートや音楽などのクリエイティブ系の仕事や、執筆業などメディアとからむ仕事は、もともと関西より東京の方が圧倒的に多いし、その状況はネット社会化が加速してもやはり事実として残り続けている。

でも僕の場合は、数年前まで関西の特定のエリアに特化したプロジェクトに携わってきたから、関西にいてもなんとかフリーで食えてはきた。ずっと関西で仕事をしてきたからそれなりに仲間もいるし、仕事を融通し合う関係性もあって居心地は確かにいい。

でも、仕事の内容は徐々に変わってきているし、何よりもなんだかこの状況にモヤモヤとした閉塞感《へいそくかん》をすごく感じるようになったというか。居心地が良いゆえに逆に言えばぬるま湯に浸かり続けている感じというか……。

こんな物言いをすれば元も子もないけど、いま置かれている環境に「飽きてきた」っていうのが正直な気持ちなのだ。喩えるならば二〇一七年、TM NETWORKが『GET WILD』

（一九八七）だけ三曲収録したアルバムを突然リリースして話題になっていたけど、あの曲のサビの歌詞にある「この街でやさしさに甘えていたくはない」という、あの感じである。そうこう考えているうちに、自分の気持ちにいよいよウソがつけなくなってしまい、妻にそのことを伝えるタイミングを探っていたのだ。

そして、「ちょっと東京に住んでみない？」と、三八歳の子持ちの中年男性の発言としては軽すぎる口調をあえて採用しつつ、ニコニコと妻に提案してみて撃沈したのが、冒頭のやりとりだった。

妻は、心底戸惑った様子だった。そりゃそうだ。妻にとってみれば、ただでさえまったく縁のない東京。それに、（サラリーマンが会社から転勤命令を受けるパターンでもなく）フリーランサーの夫が「自己都合」で言っているような話だ。いい感じで続けられているパートも辞めないといけない。それに何より妻が訴えてきたのが「ミコを保育園に入れられないならイヤ！」ということだった。

娘を保育園に入れることができれば、妻に新しい仕事に就いてもらうことも可能だ。幸いこの数年、東京で頻繁に働いてきたから、妻の能力（もともと僕と一緒のアート畑）を買ってくれるようなネットワークはそれなりにあるし、妻の仕事が先に決まれば、いくら待機児童が多い東京だって夫婦共働きなんだし、ちゃんと必要な手続きをすればどこかひとつや二つくらい、入れてくれるだろう……。なんてタカをくくっていた自分がもう心底恥ずかしいくらい、東京の待機児童問題は破滅的に凄まじいものだった。

保活の第一歩

ここからいわゆる「ホカツ（保活）」が始まった。二〇一六年の秋頃からリサーチ開始。そもそもいったい、われわれ世帯にどんな条件が揃っていれば、東京でミコを保育園に入れられるのだろうか……？　まず、滋賀県大津市でミコを保育園に入れられている足元の状況（当時）から確認することにした。

ミコは二〇一五年四月に1歳児クラスから入園している。保育園に入れてもらうには、住んでいる自治体の「保育幼稚園課」（課名は自治体によってバラバラ）の窓口で「保育所利用申し込みの手引き」を入手して、「施設型給付費・地域型保育給付費等支給認定申請書」なる長い名前の書類（次章以降、ちょくちょく制度についても触れていくが、これは二〇一五年度からスタートした「子ども・子育て支援新制度」にもとづく書類）と「保育所等利用希望申込書」、その他に母子手帳やら、父母が実際にどれくらい働いていて、保育をどれだけ必要としているかを証明する書類などを提出しなければならない……、らしい。

うーん、いま思えば当時この面倒な手続きをすべて妻がやってくれていたんだな。ほんとに頭が下がる思い……。要は役所の方で「あんたがたファミリーは、こうこうこれくらい働いて、これくらい大変（保育に欠ける）だから、星三つです！」みたいに保育が必要なレベルを認定するわけだ。

この認定の大本になる点数のことを「基準指数」といって、そこでだいたいの就労状況とか、もちろん就労以外にも病気だったり障害だったりもあるから、そういった家庭の事情を鑑《かんが》みて、点数が割り振られていく。それに加えて「調整指数」というのがあって、これは例えば「シングルマザーです」（＋何点）とか、「兄弟がいて、すでに保育園に入っている」（＋何点）とか、「両親（子からすればじいじとばあば）が近くに住んでいる」（マイナス何点）とかの状況も乗っかって、総合的に認定される流れだ。

そこで当時の申し込み〆切であった、二〇一四年一二月時点の我が家の勤務状況は、父（僕）は自宅内労働、母（妻）は就職内定。利用指数でアップすることも特になく、むしろ自営業者はなぜかマイナス1点！（この差別的な認定についてはネチネチ突っ込みたい）。

大雑把に言って、多くの自治体で「夫婦ともどもフルタイムで、自営じゃなく、会社に雇用されて外で働いている世帯」っていうのが最強ランクなわけで、それで言うと、我が家は相当に低いランクだったんだな。でも、第三希望まで書類に書き込んで提出したら、なんと第一希望の園に決まってしまった。そして、当時の僕はそのことを「ふーん。入れたね」くらいにしか思ってなかったけど、これは東京を含む全国の都市部（政令指定都市や中核市。ちなみに大津市は中核市）では、ありえないくらい「ラッキー」なことだったのだ。

たまたまミコが保育園に入る二〇一五年は新設園のオープンが多くて、僕らもその新設園のひとつが近所だったこともあり、そこを第一希望にしたら難なく通ってしまったのだけど（新設園は前評判がないので、あえて避ける人たちもいて、実は既存の人気園などに比べたら入りやすいとされている）、二〇一七年のいまでは、同じ大津市でも状況は変わって、おそらく当時の僕らの点数では、待機児童になる可能性は大いにあるだろう。

そんなことを調べていくうちに、（当然これも保育園を探している親たちには常識中の常識ですが）0〜2歳時は競争倍率が高い、とりわけ1歳時は育休明けで申請する人がどっと増えるし、そもそも0歳から繰り上がっていく子で定員の多くが埋まっているし、逆に3歳以降だったら幼稚園という選択肢も出てくるから比較的入りやすい（もちろんそうとも言い切れないけど）……、といった事情もだんだんとわかってくるわけで。

二〇一七年から東京に転居することを想定すれば、ミコは3歳児。そして住みたいエリアの保育園空きリストをネットでざざっと調べてみるだけでも、それなりに空きがあるではないか！（これもいま思えば、空きがある園は園庭が狭すぎるとか、いろいろ問題はあったが……）ましてや4歳児となるとなおさら。

実際、妻とこの「東京移住計画」を具体的に話し始めたのは、二〇一六年の秋だったから、二〇一七年四月の入園は厳しいかなと思い、二〇一七年の秋頃に引っ越しして、3歳児で途中入園させるか、しばらくは家で面倒を見ながら二〇一八年四月から4歳児で入れるか、などとプランを立てていたのだ。妻も、「確かにそれやったら求職中でも入れるかもしれないねー」などと、多少はポジティブに話に乗ってくれていた。しかし……。

思わぬ展開！　厳しい現実！

それから少し経ち、東京のいくつかのエリアの保育幼稚園課に問い合わせをし始めていた二〇一七年の春先、驚くべき事態が。なんと、第二子妊娠、である。実はずっと夫婦ともども、いろいろ問題があって不妊モードだったので、すっかり二人目は諦めていて、というか諦めていたからこそ「東京行き」を決意できたのだが、なんとまぁありがたいことに……。

でも、もう僕は仕事仲間や取引先、SNSなどを通じて「来年から東京を主な拠点とします。よろしくねー」と宣言していた手前、いまさら「子どももうひとりできたからやめます」とは言えず。しかも、実際に東京の仕事が忙しく、滋賀の家を空けることも多くなったので、どっちみちもうひとりできたときに、家族が一緒に過ごす時間をできるだけ確保できないと、それこそ家庭崩壊するんじゃないかという不安もあった。

新潟の妻の実家の近くに住んで、僕が東京と新潟を行ったり来たりする案なども浮上したが、妻からは「それをやってしまうと、あんた本当に家に帰ってこなくなりそうだからその案はナシ。第一、雪下ろし大変やから!!」と釘をさされ……もう半分ヤケになって「じゃあもう、えいやで東京飛び込もか。まぁなんとかなるで！」と言ってしまったのだ。

こうして時は経ち、二〇一七年一〇月現在の状況はこんな感じ。

二〇一七年九月に家族で東京都小金井市に移住（なぜ小金井にしたのかの理由はのちに書きます）。妻は、滋賀の職場を離れ、この一〇月末に生まれてくる予定のナル（女の子です）の子育てにしばらくは専念しようと、まずは出産のため長女ミコと新潟県妙高市に里帰り。

ミコは大津の保育園を退園し、現在は妙高の保育園に一時保育の枠で通園している。出産を終え、東京での家族生活が本格的に始まるのは来年二〇一八年一月から。まず、ミコは保育園ではなく（そもそも妻が働いてないから）、幼稚園に年少（3歳児）クラスから途中入園させる方向でいままさに見学中。

そして再来年二〇一九年四月以降のもくろみは……、「妻＝再就職／ミコ＝そのときはもう幼稚園年長さんね（預かり保育も使うわよ）／ナル＝1歳児クラスで保育園へ！」である。

しかし、もちろん、ナルを保育園に入れられる可能性は……僕の世間的にはマイノリティな働き方（自営業兼大学非常勤教員）で、かつ妻がパートタイマーであれば、相変わらずかなり低い。さぁこの厳しい現実を、どう考えればいいだろう。

改めて、「ホカツと家族」

今年に入って半年近く、かなり保活をした。一言で東京と言ってもどこの街（自治体）に転居するかによって、待機児童の状況や指数の算定の仕方がかなり異なる。

このリサーチのプロセスで見えてきた問題は次章以降伝えていきたいが、ざっくりとした結論から言えば、我が家の働き方や第二子出産も控えている現在の状況では「真っ向からの保活はムリ！」だと諦めざるを得なかった。

しかし、ただただ諦めるだけでは、気持ちが収まらなかった。そこには待機児童という問題の底知れぬ理不尽さに対する憤《いきどお》りももちろんあるが、それ以上に、この保活を入り口にして、僕はもっと「そもそも」のことを考えるようになったのだ。それは、「私たち家族は、子育てを通じてどういう生活を営んでいきたいのだろう」という、しごく根本的な問いだ。

発端は僕のわがままな「東京行きまへんか発言」にある。しかし、このことが善し悪しを超えて、家族というユニットとしてどういう働き方を、どういう暮らし方を、そしてどういう育ち方（子どもが育つだけなく、子どもと一緒に悩みながら大人も）をしていくべきかという議論や、娘たちにとって大切な「保育」や「教育」ってそもそもどんなもので、その子育てにおける理想が見つかるとすれば、その理想と僕らが日々汗水垂らして携わっている「仕事」という現実とはどのように折り合ったり、融合したり、高め合ったりすべきなのか。また、保活のしやすさだけで転居先を選ぶのもおかしいし、住む場所を自分で選べない子どもにとってそもそも「地域」とはどういった存在なのか……、といった諸々の議論を実に活発にするようになったのだ。

そんななかで、この数年、仕事で頻繁に通っていた東京都小金井市との出会いがあった。僕はこの街で市民の方々とともにアート活動を推進していくディレクターをやっているのだけれど、そこでご一緒している子育て真っ最中のお母さん、お父さんたちとの出会いは自分のなかに思わぬ好奇心を芽生えさせてくれた。

それは、格好良く一言で言えば、「地域で子どもと創造的に楽しく暮らしていく」というテーマを、僕に与えてくれたのだ。これまで仕事柄、行ったことがない都道府県はないくらい各地を転々としてきたが、そのなかでも小金井は初めて「家族でここに住みたい」と思える街だった。

しかし……。例に漏《も》れずというか、より一層というか……、小金井は東京都のなかでも待機児童問題がとりわけひどい街としても知られていたのだ。移住したかったが、正直迷った。他の街に住むことも本格的に検討したし、いろいろな街の保育園課の窓口に問い合わせたり、保育園の見学にも行ったが、やはりどこか腑に落ちなかった。

そうこう考えあぐねていた際に、これまでの僕のこういった保活の状況をなんとなく知ってくれていた、小金井で一緒に仕事をしているNPOの事務局長Mさんから、「うちの事務所をシェアしない？　保育園のことなら相談乗るし、いろんな可能性探ってみようよ」と、突然一通のメールをもらったのだ。

また、仲良くなったお母さんやお父さんたちも親身になって子育てに関する情報を教えてくれた。長年、待機児童問題がひどいが、その代わりに（それゆえに）、子育てに関する市民活動がとても盛んで、そういったネットワークの存在にも励まされた。そして家族会議を開き、小金井に引っ越すことに決めたのだ。

さて、初めなのでいろいろこれまでの経緯をまくし立てましたが、この本では、僕自身の身勝手な東京移住計画から始まり、家族みんなで「保活」に苦しむなかで考えてきた、「子育てを通じて、家族自体のありよう（ライフスタイル、働き方、地域との関わり……）が変化していく」ことを実体験からレポートしていこうと思う。そして、その活動から改めて気になった友人・知人たちのユニークで多様な子育て・家族実践にも触れていく。

保活は大切だし、そもそも働くことと子育てをすることの両立という、実に普通の願いが叶わない現在の日本の状況は完全におかしいし、それはこういった議論やさまざまな市民活動やロビイングを通じて、変えていかなくてはならないと思う。

しかし一方で、保活があまりにも厳しくドロップアウトしそうなとき、もうちょっと広く「他のありよう」や「別のやり方」にも目を向けていきたいな、とも思う。そうでないと、とても息苦しい。

そのとき、僕らは保育園の悲惨な状況に文句を言うだけでなく、場合によっては自らの働き方を変えたり、地域との関係を変えたり、子どもとの接し方を変えたり、二四時間の暮らし方を編み直さないといけなくなるかもしれない。そういう広い意味で、僕はこの本において「ホカツ」という片仮名表記をタイトルにし、そこから家族がしっちゃかめっちゃかに、しかし、よりたくましく、ときにワル知恵を絞って変容していく様子を伝えていきたいと思う。「どんな状況、どんな場所でも親になる！」という決意のもと、以降読み進めてほしい。

第2章

多様な働き方を認めてや！フリーランスは保活弱者!? ちなみに妻と娘は絶賛里帰り中……

いままでいろんな働き方をしてきた。会社に契約社員で勤めたり（一年だけだけど）、NPOの常勤スタッフになったり、宗教法人（お寺です）に雇っていただいたり、フリーランス（個人事業主）になったり、大学教員を兼務したり。

そのたびに、社会保険を出たり入ったり、フリーになって以降は事務所を転々とし、ときに自宅と兼ねたり、別で借りたり、誰かとシェアしたり、関西と東京の二拠点オフィスでノマドワークしたり。妻もNPOに勤めたり、自治体が主催するアートイベントの期間限定雇用のスタッフになったり、僕の個人事業の協力者として自宅で働いたり。

子どもが生まれる前から二人して、それなりに働き方を固定しないというか、よく言えば柔軟、悪く言えば節操なく、なんとか好きなことを仕事にしながらサバイブしてきた。

二〇一三年に長女ミコが生まれ、妻は仕事を辞め、しばらく子育てに専念することに。その理由は、産休や育休が見込めるような正規雇用に就いていなかったこともあるし、僕も出張が多く、すぐにライフスタイルを変えることが難しかったこともあったんだけど。

そこで妻はいろいろと考えて「1歳になるまでは家にいる」ことを提案してくれたのだった。それで、一年くらい経ち、妻もそろそろ仕事復帰しようということで、当時住んでいた滋賀県内の福祉系法人に非常勤職員として就職内定。

いよいよ保育園の書類を揃えることになって、初めて目を通した「保育施設利用選考基準」。そこで感じたのは、「居宅外労働／居宅内労働」という区分の存在に対する違和感だった。

僕の感覚はこう。

まず、「めっちゃザックリしてるやん！」と。それに「そんなん、家で働くこともあれば、外で打ち合わせすることもあれば、日によっても時間帯によっても違うやん！」と。

そのことを妻に言ったら、「いや、そりゃ実際はそうなんやけど、役所の担当者的にはサラリーマンは会社に通勤していて、自営の人は家で店でもしていて、それ以外の働き方は〝ない〟ってことなんじゃないの？」と。

担当者からは必要書類に加えて、一ヶ月の勤務スケジュールを一覧表にして提出するように言われたので、とりあえずGoogleカレンダーに入力している予定を印刷して、さらに細かく書き込んだりして徹夜で書類を作成したのを覚えている。

数年前のそのときは、ミコは認可保育園の1歳児クラスに入園できたので、「喉元過ぎれば……」という感じで忘れていたのだが、このたび、「待機児童レベル地獄級」としてメディアでも世間を騒がしている東京にわざわざ越してきて保活するなかで、あのときの違和感が数倍も輪をかけて再燃してきている……。今回はそのあたりのことをツラツラと。

ここがヘンだよ！ 保育の点数⁉

さてさて。東京都内、都下、神奈川、千葉、埼玉などの首都圏のさまざまな利用選考基準を調べてみた。役所に電話したり窓口に行ったり。またネット上でも、「フリーランス〟保活不利」的な記事や、「認可保育園の入園でフリーランスに優しい自治体はどこだ？」的な記事もいろいろと見た。

僕の場合、フリーランスのなかでもおそらくかなり不定形（その日その日の働き方や勤務地なども）なので、そのような記事は一概に参考にしきれないなと思いつつも、とても共感する記事もあって。そこで表明されている「違和感」や「怒り」の要点をざっくりとまとめると……。

①　居宅内勤務の方が、なんで居宅外勤務より点数低いんだよ！　問題。
（すなわち！「家で仕事しているんだったら、子どもの世話しながら仕事できるよね」って言われても、集中できるわけねぇだろっ！　問題）

これはほんとに「そうそう！　〝はいはい、おっぱいでちゅねぇ、ゴクゴクゴクって飲ませながらのメール一〇本連続返し！〟……ってできるか!!」と、関西人としては完全にノリ突っ込みレベルの話である。

そりゃ僕も、家で子どもを見ながら短い原稿を書くことだってあったし、妻も自宅で子育て専念中の際に、僕の税務処理などを引き受けてくれていた。それでも、経理ひとつとっても、やれレシートをむちゃくちゃにするわ、やれキーボードを勝手に打とうとするわ、制止すると怒り狂って泣き出すわといったミコのグダグダちゃんな状況を見るにつけ、「ちゃんとそれなりに」仕事をこなそうとすれば、とてもじゃないが「おぶってやれるでしょ」的な話は通用しない。

そのうえ、さらにやっかいなことに、こんな問題も。

② じゃあわかったよ。家で子どもの世話しながら、なんとか無理くり仕事してみるけど、えっ？ それができたら担当者に「じゃあお宅、家で子育てできているってことだよね？」って言われて「減点」って、なんだそりゃあ!? 問題。

これはとても切ない。だって保育園に入れないから、なんとか我慢して家で育児しながら働いていたら、「家で育児できるなら保育に対する必要度、それほど高くないよね」と言われて、頑張って我慢してきた分がさらに報われなくなるなんて、そんなことってあります？ 確かに自営業者はただでさえ育休なんてないんだから、背に腹は代えられず家でなんとか仕事しますよ。どうか、その「切羽詰まった感」を逆方向に（保育園に入れない方向に）解釈せずに、何卒《なにとぞ》相談に乗ってください、ご担当者さま。

もちろん、役所に行けばフリーランスがあからさまに嫌な顔をされるわけではなく、担当者もちゃんと相談に乗ってくれることがほとんどだと思う（いろいろこちらの状況が伝わらず、だいぶ突っ込まれたりはしたけど）。また自治体によっては、居宅外と居宅内で点数の差がないところだってある。

大田区などはそうで、僕も、仲の良い友人家族が大田区に住んでいたり、付き合いのある職場が品川にあったりするので、大田区も引っ越し先の候補として調べてみたところ、細かいことを言えば自営業者には「中心者」と「協力者」という枠があり、協力者は中心者よりも点数が低いことが往々にしてあるのだが、大田区はその点においても差がないなど、自営業者・フリーランスに対して一定の理解がある利用選考基準と言えるだろう。

一応、どこの自治体も「あんた自営業だから点数低いよ」という言い方はしない。保育の必要度合いを測る基本はあくまで「就労時間」なので、その点においては自営も会社員も平等だ。

それでも、実際のところはこうして「居宅内／居宅外」という、まずは「勤務地」のくくり、そして「中心者／協力者」（家族経営の場合は夫と妻どちらか）といった仕事の「関わり度合い」のくくりがあり、実質、自営業・フリーランスにとって不利な利用選考基準になっていることは否めない。

結局、「最強」なのは、やはり夫婦ともども（フルタイムなどは言うまでもなく）「雇用されて通勤している会社員」ということになる。これまでも大概、「自分の働き方は、世の中的にはかなりマイノリティやなぁ」と思って、わざわざそのことをテーマにした分厚い本（『コミュニティ難民のススメ――表現と仕事のハザマにあること』木楽舎、二〇一四年）まで書いたけど、この保活を通じてよりリアルに「困ったこと」として実感することに。

かかぁの腹はでかくなり……申請時期も間近に迫り……！

しかし！　状況を憂えているだけでもしかたあるめぇ。というか、目の前に峠がどんどん近づいてるんだからなんとかせねば。そう、第二子、次女ナルの出産である。

二〇一七年九月に滋賀県大津市から東京都小金井市に転居。そして、転居後一〇日ほどですぐに、妻は長女ミコを連れて新潟県妙高市へ里帰り。予定日は一〇月末だったのだけど、出産予定の産科クリニックでの検診の都合もあって、一足先の里帰りとなったのだ。

僕は単身東京に残りつつ、月数回、新潟へ通う生活に。妻から「東京に忘れてきたから、あれ持ってきて」と言われた衣類とか、ミコの絵本とかをカバンに詰めて行き、逆に東京に戻るときは、妙高名物「かんずり」と「サラダホープ」を買って帰り、仕事仲間に配る日々（どうでもいい情報すんません。でも興味ある人はググってみてください。超美味！）。

それで、ナルは産まれてくるのを待つしかできないんだけど、この新潟での生活、ミコはどう過ごしたらええんやろう?!　と。新潟にはじいじもばあばもいるけど、農家のため収穫時期とかぶって大忙し！　妻も自営の経理業務などがあり、ミコと終日べったり一緒にいては……。

それに何よりもこれまで、二年半、滋賀でがっつり保育園に通っていたミコとしては、家にじっとしていることなどできず、だからと言ってお腹の大きい妻と、忙しいじいじとばあばでは、そう頻繁に外に連れ出す（そもそも歩いて行ける距離に公園がひとつしかない！）のもままならず。

また、ミコ自身が同世代の子どもたちとがんがん揉み合い、お喋《しゃべ》りし合い、活発にコミュニケーションするのも、この年少さんの年である彼女にとっては大切なことだろう。そう思って、新潟の地元で一時保育を活用することに。里帰りのための上の子の一時保育は、そんなに頻繁にはないだろうけど、珍しいわけでもなく、さっそく妙高市の保育課に問い合わせ、園に見学に行き、ミコの入園が決定。

下の子の産前六週産後八週というのが、ミコの在園の期間に。ひとまず、二〇一七年内の家族の生活スタイルがこれで固まる！　そしていよいよ目前に迫るナルの出産、そして、里帰り生活終了後の二〇一八年一月から東京での生活のための、娘たちの保活……。

役所に行けばエレベーターの前に、大量に平積みされた「平成30年度保育施設等入所案内」のいかにも行政がデザインしそうな、虹の上でバンザイする園児のイラストが……。焦る。まじで焦る。

第3章

年少さんミコの途中入園保活日記 その1

二〇一七年一二月二八日のど年末に、嬉しい保活ニュースが飛び込んできた。「厚労省　保活、自営業に不利な扱い解消を　自治体に要請」（毎日新聞）、「保育所入所、フリーランスの差別禁止　厚労省が通達」（日本経済新聞）とかとか。前章「多様な働き方を認めてや！」の内容とドンピシャな通達だけど、果たして各自治体はどれくらい具体的に動いてくれるのか。いま借りている個人事務所の窓から最寄りの役所が見えるので、ゴルゴ13ばりにエグいサイズの望遠レンズで注視したいと思う。

そんなベタな保活動向を気にしながらも、より広い意味で子育てを軸に家族がてんやわんやしながら楽しくサバイブしていく様子を、真摯《しんし》に伝えていければと思うが、まずはさしあたっての話を少々。

当面のライフスタイルとミコの行くあて

二〇一七年秋。次女ナルの出産を一〇月末に控える妻と、長女ミコの東京での「進路」について相談していた。妻には新潟は妙高市の実家でがっつり里帰りライフを決め込んでいただくとし、ミコについてはひとまず、産前六週産後八週の期間、実家から車で五分ほどの保育園で一時保育の利用が決定！

でも、目の前に近づくは、年明け以降の東京に戻ってきてからの生活だ。妻は、まず僕の自営の手伝いを契機に、少しずつ仕事に復帰する方向。そこで考えた作戦は、「ミコは二〇一八年一月から、3歳児（年少）クラスの保育園か幼稚園（延長保育使用）に途中入園／ナルは、なんとか家や事務所で面倒見ながら1歳児クラス以降に保育園入園を狙う!!」というもの。

まず、読者の皆さんからの質問に上がりそうなのは、「なんでナルちゃんは0歳児入園を狙わないの？」ってところでしょうかね。まぁそれも考えたのだよ。もちろん考えたんやけど、いま住んでいる東京都小金井市の待機児童ヘル（地獄ってことね！）の度合いはまぁひどくて……。当面フルタイムではなく、しかも自営業協力者として仕事をしていこうとしている妻の状況では、保活レースに体当たりで参戦しても、おそらく書類を書いている途中に、ルパン三世さながら車が脱輪してトランクス一丁でハンドルだけ持ちながら走り続けるみたいになるのは目に見えているというか……。

そして何より、長女ミコが生まれた当時も、我が家的にはまぁなんでしょ、目の前にいる子が明らかにまだ「ザ・赤ちゃん」な状態を見ていると、「もうちょっと大きぃなるまでは……、そうやね、せめて1歳児までは家で一緒に過ごせる方がええんちゃう？」という希望もあって（この話は、決していわゆる「3歳児神話」的なものではない。この議論もいずれ）。

逆に言えば、我が家は夫婦ともども「がっつり正規で雇用」されていないので、「なにがなんでも職場復帰せなあかんから、頼むから預かってや！」という状況までには追い込まれていないことを、よく言えば逆手にとって育児と仕事を両立！　悪く言えばどうせ働かないといけないのは目に見えてはいるが呑気にちょっぴり先送り！　みたいな感じかしら……。当然育休などもないから常に稼いでいかなきゃいけないわけで、タイムリミットは1歳まで。しかも、「1歳児入園の方が、余計に保活辛いっすよ」ってツッコミも方々から聞こえてくるんだけど……。

気を取り直して。まずなんとかせなあかんのは長女ミコさんなのです。さすがに全力多動多感な4歳のミコと家で遊びながら、あるいは毎日事務所に連れていきながら仕事するのは……。まぁ、無理ですわ。それに、ミコ自身が滋賀県大津市で二年半、新潟県妙高市の一時保育で三ヶ月と、1歳児からもうずっと保育園ライフを続けてらっしゃるので、彼女自身のコミュニティを形成していくこと、しかも次は親の都合で勝手に転園することなく、ある程度地域に根ざしながらしっかり通園していただきたく。

園の方針、物理的距離、そもそも幼稚園で預かり保育利用って手もあるよねなど、いろいろ検討したが、我が家的に一番重視したのはミコの通園ライフを「途切れさせないこと」だった。つまり、二〇一八年四月から4歳児で新規入園するのだと、一月から三月までどこにも通えなくなってしまう。それは、ただでさえ東京で初めて生活するナル産みたての妻の状況を見ても、ミコの定着してきたライフサイクルから考えても、避けなくてはならない。

まず最初は、「保活＝しんどい」という逃げの姿勢も相まって、幼稚園から検討してみることに。でも、これまでがっつり保育園ライフだったため、やれ給食じゃないわ、そりゃ預かり保育も使えるけど、基本的には一四時にはお戻りになるわってことで、我が家の生活ペースとほんまに合うんかいなとじわじわ方向転換。

園の環境も自然豊かで開放的で、預かり保育もバッチリ、弁当と給食が選べたりという噂を聞いて、お隣の小平市の園に園バスで通わせてもらうことなども検討。ミコを連れて見学にも回ったのだが、なかなか決めきれず。そうこうしているうちに、課題未解決なまま妻もミコも里帰り！

気を取り直して……保育園狙いへ

一〇月以降、「やっぱり保育園の方向で仕切り直すか」ということで家族会議が開かれる。幼稚園に通っていただく決め手がなかなか見出せず、また、もし保育園に入れられたのなら、家計的にも助かるし、さらには次女ナルが来年保活する際に、「きょうだい加点」を活用できるのも、やはりささやかながら具体的な希望でもあり。と、こういった理由は完全に「親都合」ではあるが、それも現実。再び保活、頑張ってみるか……。

東京でぼっち生活を送りながら、僕は役所の保育園課にたびたび通った。まずは、家族のややこしい現在の状況を噛まず淀《よど》まず説明しきるために、口頭だけでは不安だったので表を作って持っていくことに。それというのも、小金井市に引っ越ししてきたばかりなのに、現在妻と長女ミコは里帰り中だし、それに当時まだ生まれていない次女ナルに関してはしばらく家か職場で見ながら働くから、ミコの話だけをまず聞いてほしいって理屈がそもそも通用するのか……など不安でもあったのだ。

この「下の子は家、上の子は保育園」というパターンは、自治体（激戦区かどうかなど）によっても対応が異なるそうではあるが、前述したように、正直に「赤ちゃんは、1歳までは自分の手元で育てたいこと。でも上の子が保育園に通えなくて二人が家にいるとなると仕事にならないこと」をちゃんと伝えれば、状況を理解してもらえた。

担当者さまと基本状況をシェアできれば、ここからは空き状況の確認だ。しかし、0〜2歳のいわゆる未満児ほどでないにせよ、3歳児の入園事情も楽ではなかった。ぶっちゃけて言えば「選ばなければある」という感じ。でも実質片手で数えられるくらいの候補数だし、自転車で往復三〇分以上かかる場所だったり、いわゆる駅前の雑居ビル内に設置された園庭がない園だったり。

そりゃわがまま言いすぎかもしれない。でも僕ならまだしも、僕が出張に行っている間に妻が生後数ヶ月そこらのナルを抱っこして自転車に乗ってミコの送り迎えをするのは当面難しい。だから、多少時間がかかっても徒歩圏内にはしておきたい。それに、一日のうち主要な時間を占める保育園ライフ、ミコにはできるだけ開放的な環境で過ごしてもらいたい。

そこで担当者さまと相談するなか、ある園に絞り込むことに。それは当時リアルタイムの一〇月に開園したばかりの新規園。その絶妙なタイミングゆえに3歳児以上は軒並み定員割れしていたのだ（もちろん未満児は見事に満員御礼）。気になるのは新規園なので誰からの前評判も聞けないということ、あと、調べると4～5歳児がゼロ人、つまりミコにとって「先輩」がいないこと。

とはいえ、自宅から徒歩でも往復二五分、自転車を使えば往復一五分程度の好立地。シミュレーションがてら、こっそり雰囲気を覗きに行ったら（この「見学以前」の段階で、保育園の前をうろうろ覗きに行くのって、周りから見たら怪しいんだろうなって自意識が高まります）、絶賛園庭工事中で、とにかくオープニング感満載。よくよく考えれば、滋賀県で通っていた園も新規園だったし、なんとなく雰囲気かぶるのよね（全然悪い意味でなく）。ただ似ているってだけ）。まぁ、ちゃんとした見学を正式に申し込んでみますかと、妻と電話で相談。

生まれておいで！　ナルさん

この時点で一〇月末。実は、「予定日」数日前である。しかし、ナルは一向に生まれる気配がなく、妻は「また検診行ってきたけど、〝こりゃ予定日越えるね〟って先生が」と。僕はどのタイミングで妻の実家に行くかを見計らっていた。もし予定日を数日過ぎれば、文化

その１

の日からの三連休に突入する。このあたりは例年、文化関係の仕事をしている者にとっては手帳のスケジュールがぐちゃぐちゃになる時期。もちろん今年はいろいろセーブしながら、とはいえ、何かを前倒ししたり、後に回したりと、刻一刻と迫る予定日を一応基準にさせていただきながら（そりゃするわな）調整し続ける日々。

東京にいるときは「いつでも大宮駅から北陸新幹線乗ったるで！」って感じ、また大阪でも仕事をしているからもしそのタイミングだったら「いつでもサンダーバードに乗って金沢経由で駆けつけまっせ！」ってな感じで。ひとしきりの生活用具と充電バッテリー類と医薬品などを常備しながら妻とやりとりする日々。

そして、予定日を越えた！「出てこんなー。困ったちゃんやわー」と妻の電話口の声の向こうから、ミコが「パパー!! エグゼ〜♪ エグゼ〜♬」（「仮面ライダーエグゼイド」の主題歌ね）という笑い声が。まぁ、ともあれ行くか。もう数日で生まれてくるだろうし。ということで、一一月に入り大阪の勤務先の大学からバックパック背負って、いざ新潟県妙高市へ。

第4章

年少さんミコの途中入園保活日記 その2

ナル、ようこそ

二〇一七年一一月二日、二八五五gの元気な女の子が誕生しました。次女ナルさんでございます。

予定日は一〇月二八日だったのだが、なかなか生まれず。一一月一日、とりあえず様子を見に、新潟県妙高市の妻の実家へ移動。パンパンに膨らむお腹にひたすらエーテルを送り続けたり（わからない方は映画『リリイ・シュシュのすべて』を参考に）、古風に梓みちよや中尾ミエの往年の赤ちゃんソングツートップをファルセットで歌ってみたりするも反応がなかったのも束《つか》の間《ま》、翌日早朝からじわじわ陣痛が始まり、いざ産院へ！

ところが！　「立ち会いはひとり」という院のルールもあり、まずはばあば（義母）が一緒に向かうことに。「あんたがおっても頼りないし、背中さするのとか、母さんの方がうまいから」という妻のたっての希望……。

それで、分娩のタイミングが来て一報をもらったら義母と僕が交代するという約束をして、なんとか立ち会わせてもらったのでした。いやいやそりゃもう今回も立ち会えてほんと良かった。妻、ほんまによう頑張った！　そしてナル、ようこそこの世界の片隅へ！

ミコ、希望園見学のヒヤヒヤ劇

次女ナルがやっとこさ生まれ、大きな山場はクリアしたものの、目の前に立ちはだかるお次のお山。里帰りを終えて東京での生活が本格的に始まる前に、一一月生まれの4歳（現在年少さん）の長女ミコの保活が正念場です。

前章でも書いたけど、二〇一八年一月からの途中入園を目指して、とある新設園、ニコちゃん保育園（仮名）一園に絞り込んで（絞り込まざるを得なかったんだけど）見学を申し込む。見学日は一二月一日に決定。さすがに見学段階で、妻とミコを新潟から連れ戻すのは難しく、とりあえず僕ひとりで行くことに。

ちなみに毎月「一日」は、小金井市のホームページで「保育施設等の募集状況」が更新される日だ。一一月一日時点では、ニコちゃん保育園にはもちろん空きがあったが、一二月一日の見学当日にも念のためホームページで最新情報をチェック。

しかし午前の時点では更新されていなかったので、見学前にまずは役所に直接確認に行くことに。窓口ではすでに最新版の情報があり、担当者さまが親切丁寧に「今月も空き状況は大丈夫ですねぇ。へぇ、今日見学なんですねぇ。うふふ」と、ゆるやかな空気で対応してくれたのだが、「じゃあこのあと行ってきます！」と挨拶してエレベーターに向かっていたら、さっきとは打って変わってすごい剣幕で走ってくる、先ほどの担当者さま。何やら手にメモ用紙を持っていて、一緒にエレベーターに乗り込んできたのだ。えっ!? なになに!?

「すみません！ 実はいまデスクに戻ったらこんなメモを上司から渡されて……」と何やら困惑気味。そこに書かれていたのは（一字一句一緒ではないが）「ニコちゃん保育園、3～5歳児クラスの募集ゼロでお願いします」といった内容。

僕も全然意味がわからず、ちょうど昼時で「さぁ飯にするべ」って平和な感じを漂わせている他の役人さまの前でコソコソ謎のやりとり。

アサダ　え!?　なんですか**？**　空いてるって話だったじゃないですか。

担当者　いや、私もいまデスクに戻ったらメモがあって思わず走ってきちゃったんです……。
アサダ　僕、いまから見学に行くんですけど、これってとりあえず行っても大丈夫なんですよね……??
担当者　ちょっと急なことだったので、まずは園の方に直接行っていただいた方がいいかと。いや、なんか私も状況がつかめておらず、すみません。

チーン。一階到着。

（もうええわ！　とりあえずようわからんけど、わて、行くわ!!）

と心のなかで何弁かわからん方言で叫んでみる。


時間が来て実際にニコちゃん保育園に行ってみた。電話でも応対してくださった園長先生をはじめ他の先生も「お待ちしてました〜」ととても温かく迎えてくださる。

（あれ……!?　なんや、やっぱり大丈夫やん。大丈夫やん……ね……!?）

と心の声が思わず出そうになるけど、ひとまずぐっと堪《こら》えて、園長先生に園の保育の方針や年間行事などについて説明を受け、そのまま各クラス、各部屋、園庭などを案内していただく。

ひととおりのガイダンスが終わって入園の手続きの話になった時点で、思い切って園長先生に聞いてみた。以下、こんな感じのやりとり。

アサダ　あのぉ……さっきここに見学に来る前に、役所に寄ってきたんですが、その際に担当の方から募集がゼロになったかも的なことを聞いたんですが、入園は希望できるのでしょうか……？

園長先生　あっ！　先ほど役所に行かれたのはお父さんだったんですね。失礼しました。実はその直後にちゃんと受け入れられるように態勢が整ったんです。ご心配おかけしてすみません。大丈夫です！

おおぉぉ……、なんやったん？　この心配。まぁとりあえず良かったけど。

はっきりはおっしゃらなかったけど、要は保育士さんの配置基準を満たさないといくら空きがあっても受け入れができないので、その手配をなんとか確実にできた、ということなのだろう。いや、ほんとに保育士さんの確保って各園苦労してるんだなってリアルに感じつつ、ひとまずお礼を言って園を後にした。なんてヒヤヒヤさせられる一日だったことか……。

見えてくる保育の特徴

見学が終わった直後に新潟の妻とスカイプ緊急会議。まず園の特徴を共有。特徴といっても分析できるほどの知見をもち合わせていないので、どうしてもミコがこれまで通っていた園との比較からしか語れないわけだけど、何がどう違うのか。

まずこれはいいなと思った点は、お散歩・外遊びが多かった点だ。大津の園のときの不満は「お散歩がほぼない」ことだった。園庭では遊ぶけど、その遊具の開放の仕方も結構制約があって、とにかくリスクヘッジ感が前面に出過ぎ。子どもたちに万が一のことがあってはいけないという気持ちはありがたいし、わかるのだけど、園内だけでは味わえない外的環境と関わる時間――自然や街並みから心地良さを感じたり、街行く人たちとコミュニケーションしたり――がないことは、やはり子どもの成長にとってもったいないのではないか、と常々感じてきたのだ。

あと、ミコの課題として、とにかく長時間歩けないということがあり。ちょっと歩いただけで「パパー！　だっこ！」となって「あかんで！　まだ全然歩けるやろ～!?」と言ったものなら、「うわ――ん!!　だっこ！　だっこ！　だっこぉぉぉぉぉぉぉぉ!!」ともう4歳にもなるのに狂ったように泣きじゃくる。さすがに最近ちょっとはましにはなってきたが「これはとにかく楽しく歩いていただく訓練をしないと……」と切に感じていた。

ニコちゃん保育園では、大人の足でも結構かかる地元の大型公園まで毎日のように行っているので、こりゃさすがのミコも鍛えられるだろうなとそこは大いに期待。

次に、異年齢交流が基本にあること。クラスは年齢別に存在するが、散歩に行く、室内にて玩具で遊ぶ、絵本の読み聞かせを体験する、こういったひとつひとつがクラスで行われるというよりは、その時々の子どもたちひとりひとりの関心に合わせて、年齢を混ぜながらその場でグループを作って行われるといった感じ。

これも大津のときはあまり見かけなかったような気がする（気づいてなかっただけかもしれないが）。大津の園のときは、英語やリトミックなど、わりとクラスでまとまって受けるカリキュラムが組まれていて、そういう意味では、（わかりやすい意味での）教育的な面で力を入れていた。その分、ぐちゃぐちゃ異年齢で自由に混じり合う外遊びなどが少なかったのかもしれない。

さらにお次は、空間のデザイン。ニコちゃん保育園は屋内の設計がなかなかユニークで、随所にさまざまな遊びの機能が埋め込まれている。言葉では説明しにくいけど、ひとつの部屋のなかに中二階のような空間を作って畳を敷きつめ、そこで寝転べるのはもちろん、その下の空洞スペースが暗闇の秘密基地のようにしゃがんだり這《は》ったりしながら遊べるようになっていたり。

また室内にもうひとつ小部屋があり、そこがごっこ遊び専用の空間になっていたり、二階のテラスが園庭の遊具とつながって外に出られるようになっていたり、二階のある部屋とある部屋に小さな扉があり、その扉同士がハンモックでつながるような構造になっていたり。とにかく室内でも子どもたちが自由自在に身体を動かせるような機会作りが、設計に落とし込まれているのだ。

実際にその空間をよりよい保育環境として使いこなすのは保育士の先生方のスキルにかかっているわけだが、空間ってまぁ物理的に目に見えるものなので、これは見学に来る親御さんにとっても引きがあるだろうなと想像する。

と、いろいろ魅力的なところを述べたのだが、どうしても気になる点が。それは、ミコにとって「先輩」がいないことだ。

ミコが入園できたならば、3歳児クラスの一月からの途中入園。園長先生に話をうかがうと、四月以降に新しく4歳児（四月にはミコもそうなる）や5歳児を募集する予定があるとは言いきれない感じ。言わずもがな、幼児クラス（3〜5歳児）、なかでも4〜5歳児は下から繰り上がってくる子が多く、新たに入園となれば、だいたいが僕らのような転居組だ。

だから新規園となればオープン初期はこれらのクラスの人数が少ないこともあるし、一〇月オープンとなれば余計にそうなる。その状況に加えて、ただでさえ確保が難しい保育士事情を考えれば、しばらくは幼児クラスを拡充しない方向に踏み切ることも容易に想像できるのだ。

でも、目の前で先輩たちのふるまいを見て追いつこうと頑張ったり、それができなくて悔しがったり、露骨に力の差を見せつけられたり、自然と相手に尊敬の念を抱いたり、集団のなかで我慢を覚えたりするのはとても大切だと思う。

だからこの点に関しては妻とも話し合った。しかしいまの状況で僕らに選べる余地がないのもまことの現実であり、先に述べたような良いところもたくさんあることを総合的に鑑みて、ニコちゃん保育園に入園申請をすることにしたのだ。

ようやく。でも、これからこそ

そこからは書類をひたすら揃える日々。僕と妻の詳細な勤務スケジュール表はさることながら、自営の個人事業証明や事務所の賃貸契約書類、大阪の勤務先の大学からは勤務証明書を発行してもらい、昨年の確定申告の書類を引っ張り出し、大津市に課税証明書を郵送して

もらったり……。

見学から五日後になんとか全資料を揃えて役所へ提出！　結果は一週間後くらいにわかるとのことで待ち構えていると、ちょうど新潟に向かおうと大宮駅で新幹線を待っていたところに役所から着信が。

「ミコさんのニコちゃん保育園の入園内定が出ました。この時点では内定という扱いなので、以後は直接ニコちゃん保育園さんと面談の日取りなどを相談してください」

おおぉぉぉ……。ひとまず、ひとまず。

年末にミコを新潟から東京に連れ戻し、指定の小児科で健康診断を受けさせて、診断書を持って園に連れて行き、面談。そして入園手続き。

その日はミコと二人きりで東京の家でディナー。何か作ろうかと思ったけど、なんだか僕の方がクタクタヘトヘトになってしまって……、「なぁ、今日はさ、レストランに食べに行こうか」と誘うも「いや！　家でパパと食べるの！　オムライス！」となぜか具体的なメニューまで指定され、仕方なく近所のスーパーに材料を買いに行こうかと思うも、ミコ自身が腹ペコ限界。

こりゃやっぱり、いまから料理してたら腹がもたんわなってことで、さぁ冬の寒空のもと、二人で電動自転車にまたがってスーパーの惣菜コーナーにオムライスを求める旅へ！　しかし近場のスーパーは三軒とも全滅！　コンビニも三つ回ってようやくファミマで見つけることに。「いったい何やってんだ。しかしもう、情けない親だな、僕は……」と嘆いていると、「パパと夜のお散歩、楽しいねぇ！　さぁそろそろ帰ろうか！」だって。

いやはや、パパは本当にあなたに日々、育ててもらってますよ。

第5章

この街で、子どもと一緒に親も育っていくためのアクション

長澤麻紀さんのお話

二〇一七年一一月、次女ナル生誕。そして今年一月、長女ミコが東京都小金井市のニコちゃん保育園（仮称）3歳児クラスに途中入園。そんな我が家は現在、子育てと確定申告作業にドタバタと追われているところ。

　そんな折に、ミコがインフルエンザA型に罹《かか》ってしまって……。運悪く僕の長期出張の時期とダダかぶりしてしまい、急遽《きゅうきょ》、新潟からばあば（義母）に来てもらうという、トランプで言うところのジョーカーを年始早々使ってしまうことに。そうこうしている間に妻もインフル感染！　ナルにうつらないように細心の注意を払うも、マスクを外して平気でナルにくしゃみを吹きかけるミコに冷や汗をかきながら、プチパンデミックを乗り越え

……。まぁなんとかやっているんだけど。

改めて。この本は、子どもを授かったのちに避けて通ることのできない保育や教育、とりわけ仕事を続けるうえで最初に乗り越えるべき「保活」問題について、仮に保育園や幼稚園に入れたとしても「これは本当に子どものためになっているのか？」とか「この選択で本当に良かったのだろうか？　親の勝手な都合なのでは……？」といったモヤモヤとした自問自答を繰り返すなかで、働き方や暮らし方を多様に変容させながら、子どもだけでなく親も含めて「家族」が成長していく……、そんな様子をリアルタイムでお伝えしていくものだ（一文長ぃ！）。

もちろん僕の家族のことが中心なんだけど、今回から僕の友人家族のエピソードもあわせて紹介していけたらと思う。

僕の仕事と、長澤麻紀さんとの出会い

先日、ご近所の友人ママに「うちの息子が通っていた保育園の園長先生を招いてホームパーティーするんだけど、ご家族で遊びに来ませんかー？」とお誘いいただき、行ってきた。

そのママの名は長澤麻紀《ながさわまき》さん（三七歳）。僕と同世代でしかも関西出身。この閑静な東京・多摩エリアでベタベタな関西弁をなりふり構わず貫き通している（決してディスってません、シンパシーを感じているのです）、とても素敵な友人だ。

東京学芸大学出身の彼女は、学生時代に兵庫県から小金井市に移り住み、近くの別の大学に通っていた現在の旦那さんと出会い、卒業後に結婚。都内の某アパレルメーカーにフルタイムで勤務し、現在、小学校一年生の長男R太くんと、１歳の長女S子ちゃんを育てる、なかなかのバリキャリママなのだ。

そんな麻紀さんは、R太くんが二〇一七年まで通っていた地元の公立保育園の園長先生の子育てにまつわる哲学と情熱に惚れ込み、R太くん卒園後も交流を深め、ついに一月末に園長先生を招いての「子育て談義ホームパーティー」を主催したのだ。

そもそも麻紀さんとの出会いは、僕ら家族が小金井市に転居するきっかけにもなったある仕事に端を発する。それは僕が二〇一五年から三年間、ディレクターを務めた小金井市主催の文化事業【＊1】だった。

ちなみに僕の主な仕事は、全国各地の自治体やNPO、大学などと連携しながら、地域コミュニティと密接に関わるアート活動を、その土地の方々とともに進めること。そうして自分の暮らす街に愛着が芽生えたり、仲間が増えたりすることは、結果的に地域活性化の一翼を担ったり、人と人との縁作りにつながったりする。こういう市民参加型の文化事業は、「アートプロジェクト」と呼ばれ、世間でもその存在が注目され始めているので、それはそれでぜひ知ってほしい。

それで、小金井市も例に漏れず二〇〇九年に、「この小金井市で、市民一人ひとりが〝芸術文化で豊かな暮らし〟を目指したまちづくりを進める」ことを目的にした「小金井市芸術文化振興計画」を策定している。そういったこともあって、地元のNPOと連携しながらアートプロジェクトをひとつ任せていただいたわけだ。

具体的にどんなプロジェクトかというと、小金井市民が自分の日々の暮らしのなかで得た気づきを、絵画や立体物、言葉や音楽、写真や映像などあらゆる表現（アート）を手立てに形にし、美術館や劇場といったハコモノに限らず、広く街中で発表していくといった内容。

「暮らしのなかで得た気づき」と言われても、広すぎてなかなかピンとこないだろうから、もうひとつ参加者に共通したテーマが用意されている。それは、かつてはあったけど、いまはもうなくなってしまった建物や風景、人と人とのお付き合いをはじめとした、「この街の大切な記憶」だ。

例えば、高架化に伴い変わりゆく「駅舎」の記憶、また防災無線の「時報の音楽」の記憶、市内南部を流れる自然豊かな「野川」にまつわる記憶など。こういった記憶を市民から集めてきて、展覧会を開いたり、街歩きイベントを実施したり。こんなことを三年間やってきたのだ。

もうお気づきだと思うが、麻紀さんはこのプロジェクトの参加者のひとりだった。市報に掲載された募集情報を見て参加を決めたわけだが、参加の背景には、尊敬するお義母《かあ》さんの影響があったという。

もともと教員だったお義母さんは、早期退職して、余生を旅行やこれまで忙しくてやれなかった夢の実現にしっかりと使っていた。海外にオーロラを見に行ったり、朗読劇の教室に通いだしたり、ずっと演奏してみたかったアコーディオンを習い始め、検定まで合格したり。

子どもたちと作った映像作品の前で話す長澤麻紀さん。手前の黒いのは僕。

末期ガンと診断されたのちも、その活動のペースを落とすことなく、住んでいるマンションの自治会長として活躍し、地域の敬老会で歌の伴奏をしたり。

亡くなる直前まで「やりたいことをやりきる」というその一貫した姿勢を目の当たりにした麻紀さんは、「この生き方はすごいし、とにかく周りまで楽しくしてくれたんです。自分も〝忙しい〟とか〝いまはまだいいか〟とか言い訳せず、やりたいことにチャレンジするべきだと感じました」と後日、話してくれた。

彼女の関心・テーマはずばり「子どもとこの街で楽しく暮らすこと」だ。彼女はそのテーマのもとに、尊敬する先輩ママに「子育ての記憶」について突撃インタビューしたり、R太くんをはじめとした近所の子どもたちと一緒に彼らの通学（園）路をビデオカメラを構えて歩きながら、「かって子どもだった頃の自分の記憶」に向き合ってみたり。「アート」というある意味「多少変わったことをやっても許される（むしろ褒められる！）」機会を足がかりに、数々の「ヘンテコ子育てアクション」を起こしていくことになるのだ。ここからは、麻紀さんの具体的なアクション事例を紹介しよう。

先輩ママの「子育ての記憶」をモチーフに作品制作！

プロジェクト二年目の二〇一六年夏、参加する市民メンバーとともに、JR武蔵小金井駅前にある小金井市民交流センターで、展覧会を開いた。タイトルは『想起のボタン――「私」の「記憶」が編みなおされる、市民ひとりひとりの生活展』【*2】。

ちょうどその時期、第二子S子ちゃんがお腹にいた麻紀さんは、以前から気になっていた、市内南部で開かれているママサロンに行ってみることに。麻紀さん曰《いわ》く「そのサロンは平日の昼間に行われているんです。息子が保育園に通いだしてママ同士の知り合いは増えたけど、逆に言ったら保育園以外、家にいたり幼稚園に通わせたりしているママとの接点がまったくなくって。私、児童館にすら行ったことがなかったし、息子のときはすぐに職場復帰しちゃったからもうバタバタで。だから、娘の産休中のときは、ちょっとそういったママサロンを一度覗いてみようかなって思ったんですよ」。

そこで麻紀さんは、「子育てサロン@SACHI」を主宰し、小金井市内で訪問型の子育て支援ステーション「ホームスタート」も運営する高橋雅栄《まさえ》さんと出会うことになる。ご自身も三人のお子さんを育ててきた五〇代のベテランママだ。

どんな思いをもってサロンを運営されているのか、またご自身のこれまでの子育て経験から見えた小金井の街の魅力とは？　そんなことを聞くために、麻紀さんは高橋さんにインタビューを決行したのだ。

高橋雅栄さん（手前）にインタビューする
長澤麻紀さん。小金井市の地図に、
子育てに関連するルートを書き込んでいく。

高橋さんは、お子さんが保育園児だった時代の、ママチャリ（電動じゃありません！）でとてつもなく急な坂道を上り下りし、保育園の送り迎えや、通勤、買い物をこなしていたマッチョな記憶を語りながら、麻紀さんが準備した小金井市の地図を指差して、当時の自転車ルートを教えてくれたという。

同じ小金井市内といっても、麻紀さんはJR中央線の高架より北側、高橋さんは南側。でも、「ここを通るときに自転車の後ろに乗っている息子と歌を歌った」とか、「野川で子どもとこんな遊びをした」とか、「保育園のお迎えのとき、あえて回り道しながら帰ってきた」といった、どの母親にも（もちろん父親にも）ありそうだけど、普段それほど意識しない「子どもとのちょっとした遊び、秘かな楽しみ」についての共通する記憶を、麻紀さんは高橋さんのエピソードを介して想起したのだ。

インタビューを終えた麻紀さんは、作品制作に取りかかる。実行したのは、「高橋さんの当時の子育てルートを記した地図とビデオカメラを持って、そのルートを自転車に乗って実際に回ってみる」こと。その記録映像を作品として展示しようという話になったのだ。

実際には臨月が近づいた麻紀さんは自転車に乗ることができず、代わりに麻紀さんからみっちりとルートレクチャーを受けた旦那さんの長澤勇気さんとR太くんと僕とで、自転車にまたがって謎のご近所撮影旅行に出かけたのでした。

勇気さんは、「奥さんの謎すぎるアクション」に戸惑いながらも、僕といろいろ仲良くしてくれて、僕もR太くんと撮影の合間に公園でサッカーをしたり、一緒にアイスを食べたり。そして、一日中一緒に過ごしていたら、徐々に麻紀さんとの馴《な》れ初《そ》めを話してくれたり、R太くんが生まれたときに住んでいたアパートの場所まで案内してくれたりした。

また、R太くんも普段保育園のお散歩でよく遊びに行く野川を、R太くんの視点で道案内してくれた。少し普段とは違う「モード」で、この街を家族で回ることで、親は子どもの知られざる姿を発見し、子どもは何やら大人同士（パパのお相手は得体の知れない怪しいおっさん、つまり僕なんだけど……笑）で普段話さないような思い出話をしているのに立ち会ってしまう。

なんかうまく言えないんだけど、これってなんなんだろう。おそらく、「日々の生活では、改まって家族や子どもと話さないこと」がこういった謎の機会だからこそ、じわじわ言葉の端々《はしばし》に滲《にじ》み出てくるというか。僕もまた、この日、長女ミコとのことを

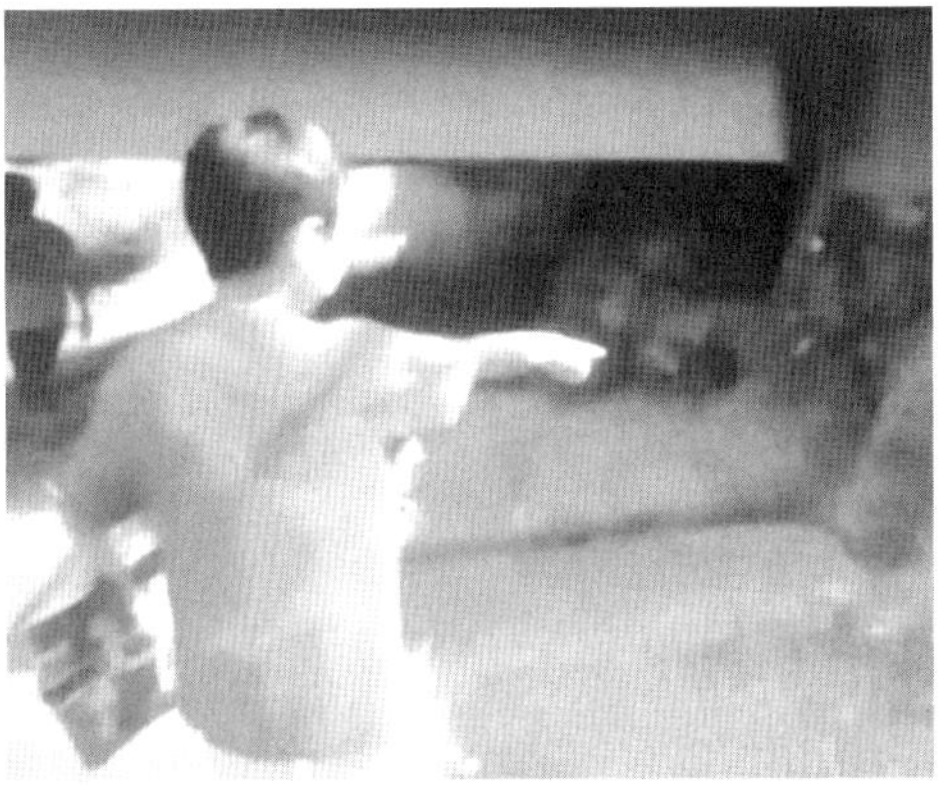

長澤ファミリーと一緒に、小金井の街を撮影する一日。
保育園お散歩コースをR太くん独自の視点で
案内してくれた（映像作品より）。

振り返ったり、自分がこれまで住んできた大阪や滋賀での妻との生活を振り返ったり、忙しい日々の隙間にちょっとできた「エアポケット」のような不思議な時間を過ごしたのだった。

後日この映像作品を観た高橋さんは、とても喜んでくれたらしい。「自分にとっての子どもと過ごした大切な時間」が、他人によって再現されるという不思議な体験を、快く楽しんでくださったのだろう。このようにして麻紀さんは、自分が暮らすこの小金井の街で、「子育て」を通じて、自分をのびのびと「表現」する経験を獲得していったのだ。

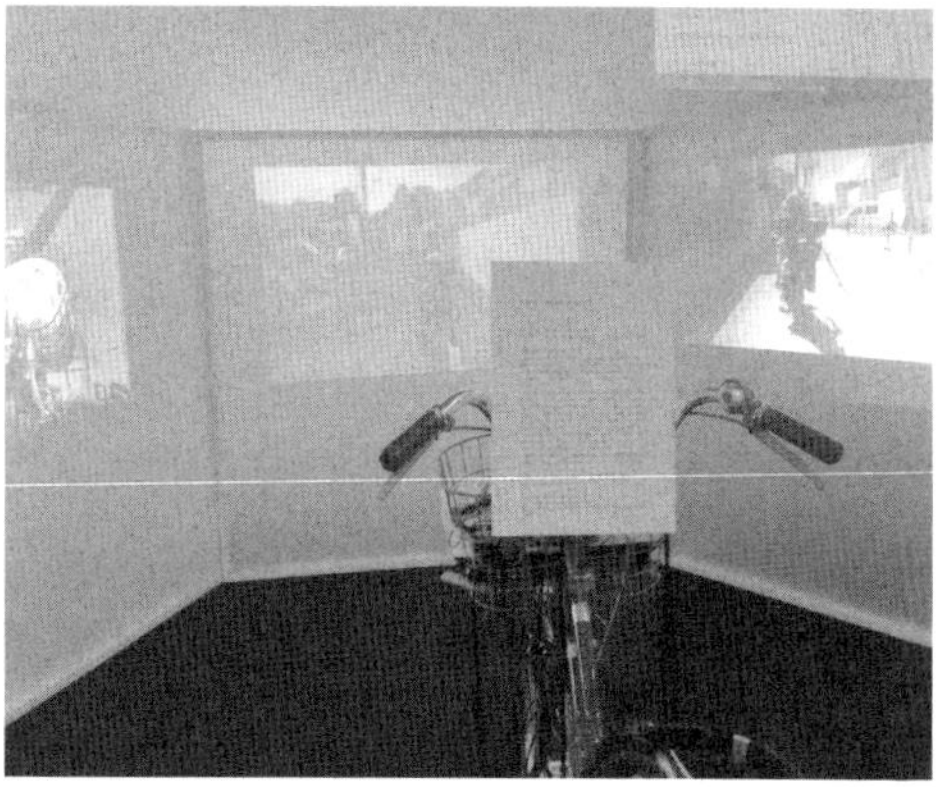

長澤麻紀さんの展示作品「自転車越しの小金井」。高橋さんの子育ての記憶を通じて、長澤ファミリーの現在の子育てや家族の関係性がゆるやかに表現された作品だ。

「子どものため」だけでなく、大人も自分を「表現」する暮らしへ

「子どもとこの街で楽しく暮らす」。このテーマは簡単なようでいて難しい。この本の読者

のなかにも、「そんなことより目の前の保活が……」とか、「夫婦ともども、仕事と家事と子育てでいっぱいいっぱい！」なのは、僕自身がまさにガチンコで当事者だからよくわかる。ほんと毎日をただ過ごすだけでも、大変だ。

でも、僕はこの小金井市でのアートプロジェクトの仕事をきっかけに、麻紀さんをはじめ、多くのママ・パパが「子育てと遊びをからめ、この街の暮らしに彩りを添えながら根づいていく」様子に多数立ち会ってきた。そんな素敵な出会いもあったことで、僕はこれまでの東京と関西の二拠点ノマド生活を終え、この街に「仕事を通じて子どもとの暮らし方を考え、子どもと暮らすなかで仕事も高めていく」ような暮らしを求めて、「家族ごと」の転居を決めたのだ。

麻紀さんは、この後、さらなる「表現」へと漕ぎ出していく。自分の家族だけで作るのではなく、他の保育園のママ友や子どもたちも巻き込みながら、やがてその表現は園長先生の目にも止まることとなる。詳細は次章へ！

＊1　小金井市芸術文化振興計画推進事業「小金井と私　秘かな表現」。主催：東京都、小金井市、アーツカウンシル東京、ＮＰＯ法人アートフル・アクション／助成：一般財団法人地域創造／企画制作：ＮＰＯ法人アートフル・アクション／ゲストディレクター：アサダワタル

＊2　https://www.artscouncil-tokyo.jp/ja/events/13942/ を参照。

第6章

保育士と親は もっともっとつながれる! 子どもたちの「根っこ」を 育てる場の作り方と伝え方 (前編)

【登場する人】
◆小方久美さん(小金井市立小金井保育園園長)
◆長澤麻紀さん(小金井市在住二児の母親・会社員)
◆アサダワタル(小金井市に引っ越したての二児の父親・フリーランス創作業兼大学教員)

春になった。「#保育園落ちた」で検索すると胸が痛くなるようなニュースが飛び込んでくるなか、うちの0歳児次女ナルはまずは「不戦敗」。でもこれから妻の仕事も忙しくなりそうで、いよいよ「0歳時で途中入園なんてできるのかしら?」と考えあぐねているが……。でも正直、いわゆる目先の「保活」だけに振り回されたくない!という気持ちにもこの本を書きながらだんだん目覚めてきて。

そんなことを考えながら、前章では、保育・子育てを通じて親の感性や思考が豊かに開かれていくエピソードをお届けしました。登場人物は、東京都小金井市在住の二児の母で某アパレルメーカー社員の長澤麻紀さん。今回は彼女の子育てに対する考え方に多大なる影響を与えた、小金井市立小金井保育園の園長・小方久美《おがたくみ》さんにも登場していただくことにしよう。

左からアサダ、小方久美さん、長澤麻紀さん。
小金井保育園の壁面に描かれたアート作品の前にて。

麻紀さんの長男R太くん（現在小学校二年生）が4歳のときに、小金井保育園で担任を務めたのが、保育歴三二年のベテラン保育士・小方さん。麻紀さんにとって、クラス懇談会での小方さんの言葉は、これまでの「保育士像」を根底からひっくり返すような衝撃体験だったらしい。それ以来、「親／保育士」といった立場の違いを超えて、不思議なパートナーシップを組んできたお二人ならではのトークを、前・後編に分けてお届けする。

前編は主に、小方さんというベテラン保育士がどんな保育実践を積み上げてきたかという「保育の中身」

の話。後編は、麻紀さんのような親が、「子育てにおいて大切なことは何か」という問いを保育士と連携しながら発信していく、そんな「保育士×親で実現する場作り」の未来について。この二つのポイントを軸にして見えてくる、待機児童問題、公立保育園の民営化の課題、アート活動もからめた子育ての場作りの可能性とは……。

子どもたちの「根っこ」を作る！「見通しをもった保育」とは？

アサダ　今日はよろしくお願いします！　我が家の長女ミコは1歳の頃から現在まで、滋賀と新潟と東京でもうすでに三園に通ってまして、保育園の空気や、保育の在り方はそれぞれ微妙に違うのだなと実感しています。

どの園にも共通しているのは、保育士の先生方はほんとに子どもたちのことをよく見ているし、さまざまな工夫をもって子どもたちの成長を見守ってくれていること。恥ずかしながら娘が生まれるまでは「保育士の仕事って、ただ子どもと遊んでいるだけでしょ」という、世間で言われているような固定観念を僕ももっていたんですが、それは全然違うし、さまざまなコミュニケーションスキルがないとできない仕事だな、と考えるようになったのです。

そんなとき、麻紀さんから、「小金井保育園の園長先生がとにかくすごいから、家に招くので今度遊びに来て」と誘われ、そりゃ行かなきゃいけないと。そして初めて小方さんとお会いしたわけですが、あのときはただユルユルと食事をしながら雑談しただけでお開きになってしまったので（笑）、今日は改めて、いち母親である麻紀さんと、いち公立保育園園長の小方さんのお二人に強力なタッグを組んでいただき、「目指すべき保育の中身」について、そして「その保育を外に伝えるための場作り」についてたっぷり発信していただこうと思った次第です。まず、麻紀さんが小方さんの保育に惹かれたきっかけを教えてもらえますか？

麻紀　長男のR太は0歳児クラスから小金井保育園に通ってきたんですが、その4歳児クラスの担任をされたのがオガちゃん（小方さんのニックネーム）なんですね。これまでのクラス懇談会では「最近、こんなことができるようになりました」とか、その都度、子どもの成長を知れてそれはそれで嬉しかったし、「月齢によってこんなにできることが違うんだな」という気づきもあったんです。

でも、オガちゃんのクラス懇談会は、これまでのそういう説明とはまったく違うもので。まず四月の初っ端《しょぱな》から「この子たちは一年後にはこうなります」っていう、スパンをもった話から始まった。

いまはイノシシみたいに走り回っている状態だけど、「この一年を過ごせば、こう成長していく。そのために私たちはこういう遊びを教えて、教室の配置はこう変えて、数ヶ月後に今度はこう変えて」みたいに、すごく具体的な話から始まって。

そして半年後の九月のクラス懇談会では、オガちゃんがまた「前回の続き」から話を始めるんですよ。「半年間こういう遊びを通して、あのときできなかったことが、こんなふうに変わってきていますよ」って。

3〜4歳では、自分のやりたいことをちゃんと人に伝えて、お友達との間でも話し合って折り合うことを学ぶ。それにはお友達の話を聞くことも必要だし、我慢しなきゃいけないことも出てくる。でももちろんまだ納得いかないこともある。そういう時期だからこそ、こういう遊びを通して保育してきたんだといった話を聞いたときに、ほんとに感動して！

それまでの0〜3歳児の四年間は、保育園って単純に仕事で面倒見られない分を、保育士さんがカバーしてくれているくらいにしか思ってなかった。でも、これまで保育園でやってくれていたひとつひとつのプロセスに、すべて意味があったんだと気づかされたんです。

「これができるようになった」というのは、突然できるようになるのではなく、すべてそこを目指してさまざまな遊びを積み重ねてきたから、いまにつながるってこと。それをちゃんと言葉にしてくれたのがオガちゃんで、周りの親もみんな衝撃を受けたんです。「なんじゃこれは**！**」って（笑）。

アサダ　なるほど。小方さんのお話を聞いていると、保育の最も大切なことは、「見通しをもった学びの場」を子どもたちに提供すること。そして、子どもたちの今後の成長の「根っこ」をしっかり作るんだということが伝わってくるわけですが、改めて小方さんの保育観を今日はひとつご教示願います**！**

小方　私が話していることや、何かのときに作る資料、保護者の皆さんへのおたよりやご案内文には、よく「根っこ」というキーワードが出てきます。「人生の根っこ」とか、「根っこを作るための環境」とか。保育の基本は、環境を通じて行うことなの。保育士やその他の職員、子ども同士も含めた人的な環境や、建物や設備や遊具などの物的環境、自然や社会などのより外的な環境も含めて、それらが相互に関連し合うような保育環境。まず、特定の大人との密接な関わりにおいて育まれる子どもと大人との信頼関係が一番のベース。かけがえのないひとりの人間として子どもたちが尊重され、愛され、人への信頼感と自己肯定感を育むことがすべてのスタートです。これが彼ら彼女らのこれからも続いていく人生の「根っこ」なの。

学校に上がるまでの親と一緒に過ごすこの時期は、その子の人生の「根っこ」、すぐには表に現れてこない地面のまだ下にある部分をいかに太く強くしなやかに作っておけるかというのが勝負だなと思いながら、私たちは保育をしてるんです。親からするとまだ地面の下だから答えが出ないし、すぐに結果が見えないし、悶々としちゃう時代なんだけど、ここでぐちゃぐちゃ悩む体験をたくさんした方がいいし、子どもがこの時期にいかに自己肯定感を育んでおけるかということに尽きるかなと思っています。

アサダ　子どもたちの成長のプロセスに即して、その「根っこ」をどのように育んでおられるのか、もう少し具体的に聞かせていただけますか？

小方　まず大人との安定した関係が土台です。どんな自分も受け止めてくれる。どんな感情を抱いても表出しても認めてもらえる。オレはオレのまんまで大丈夫なんだっていう体験を、繰り返し繰り返し繰り返しさせてくれる大人の存在。そこから少しずつ子ども同士の関わり合いが出てきます。例えば赤ちゃんでもハイハイで接近したり、まねっこしたりして関心を示すようになったり。1歳半から2歳頃になると、おもちゃを取り合ったり、自分のしたいことを主張したり、でも同じ遊びを楽しんで、互いに遊びを発展させていくような姿にも出会える。

「主張や欲求を貫くぞ！」ってなれば、いよいよけんかも始まる。そのプロセスで、信頼関係のある大人に気持ちを共感してもらったり代弁してもらったりしながら、自分とは違う相手の気持ちを知り、主張の仕方や感情をコントロールしていくことを学んでいくんですよ。こうして社会性の芽が出てくる。

乳児期のこの主張、遊びの空間、けんか、大人との関わりはとっても大切で、だから私たち保育士は、乳児の部屋のコーナー作りにはかなりの保育魂を込めます！　コーナーの位置と意味、大人の動線と安全確保、おもちゃの種類や量、遊ばせ方の意図から、遊びのモデルとなれる保育士自身の腕磨きまで、担任同士であーでもないこーでもないと語り合い、「生きたコーナー」を作っていく。社会性の芽と遊ぶ力をしっかり身につけて、幼児クラスに上がってほしいから。

それで幼児期になると、今度はひとり遊びから、より集団的な遊びへと発展していきます。協同的な遊びのなかで、お友達と一緒に活動する楽しさを知ったり、仲間意識が芽生えたり。例えば、ブロックや積み木遊びひとつとっても、乳児期とは遊び方が違う。大きな街をみんなで作ったり、遊びもより「ルール」のあるものへと変わっていきます。そういうなかで、楽しいことばかりじゃない、悔しさとか葛藤とかも経験していく。自己主張することと同時に我慢しなくてはならないことも学ぶ、大切な時期なんですね。この時期になるといよいよ大人との関係だけでなく、子どもたち同士のなかでこそ育っていく力が出てきます。

アサダ　遊びひとつひとつにも意味があるというのは、自分の子どもと遊ぶうえでも、とても興味深いです（笑）。

小方　そう！　例えば鬼ごっこひとつにもそのルールで楽しく遊ぶには、それなりのプロセスがあるんですよ！　年長クラスだとかなりのレベルで遊べちゃう警ドロとか缶蹴りは、体力と瞬発力、身のこなしはもちろんのこと、ルールを理解する力、勝負の楽しさや悔しさを知る力、仲間を助ける技と勇気、作戦を練る想像力など、さまざまな力や技術が必要です。鬼ごっこは年長クラスだからできるのではなく、年長で「完成」させるために、実は0歳児クラスから計画を立てて保育の活動をしているんです。

1歳を過ぎて歩行がしっかりしてくると、待て待てごっこが始まります。「待て〜！」と保育士に追いかけられて逃げるスリル……。すごく怖くてハァハァドキドキして、でも捕まえられても大丈夫。だんだんと逃げることが楽しくなって、仲間と一緒に「逃げろ〜！」ってね。

それが2〜3歳になってくると、オオカミごっこやオバケごっこなど、「ストーリー性」が加わってきて逃げる人数も増えてくる。

3〜4歳になるとオオカミごっこはさらに進化して、捕まった仲間を助けるというルールと面白さが加わって、「集団遊び」へとつながっていきます。ここで獲得した助け鬼の基本が、4〜5歳になって今度は氷鬼や「アヒルとオオカミ」などの大人数での鬼ごっこを楽しくしてくれ、5〜6歳になると仲間を助けるだけでなく、警ドロのように相手のお宝をゲットするとか、缶蹴りのように全体の空気や全員の動向を見て自分の動きを瞬時に考えるとかができるようになってくる。

これがさっき麻紀ちゃんが感動してくれたという（笑）、「見通しをもった保育」ね。逆に言えば、乳児クラスの頃から遊びのバラエティを広げていかないと、幼児になっても「見立て」ごっこができなかったり、友達とイメージを共有できなかったり、戦いごっこオンリーになってしまったり、遊びの展開や仲間との協同遊びが苦手になってしまうこともあるんです。

麻紀　こういった話を聞いたときに「いま4歳のR太の、0歳の姿と6歳の姿がスーッと〝線〟でつながった」んですよね。さまざまな段階で学んでいったのちの鬼ごっこの「完成」なんだと考えると、0〜3歳で、そのプロセスから学ぶワクワク感を知らなかったら、突然鬼ごっこをするってなっても、「追いかけられて捕まるのがイヤだから鬼ごっこしたくない」となってしまうんだと。この「負けるのイヤだからやらない」って考えは、極端な話、この先の学校に上がって「テストで悪い点をとりたくないから、勉強にもチャレンジしない」みたいな発想になるおそれがあるんだって思ったときに、「いまの保育が、未来にも通じていて、過去からずっと連続しているんだ」って心底感じたんです。

保育士ひとりひとりの感性や個性を「前」に出す

アサダ　六年間の園生活のなかで、子どもたちの「根っこ」を「見通し」をもって連続しながら育てていくという考え方は、小方さんが実践しながら培《つちか》ってきたことだと思うんですけど、それは小金井市にある公立保育園全体【*1】で担っているビジョンでもあるんでしょうか？

小方　そう。そもそもは小金井市のベーシックな理念なんですよ。そして、小金井の保育は他市とちょっと違うな〜ってとこもあるんです。私は専門学校を卒業して、そのまま二〇歳で小金井市に就職し、現在で保育士歴三二年。その間、ずっと小金井市にいるんだけど、その前に学生時代の実習とかアルバイトで近隣の保育園でも働いたことがあって。それで、小金井市に正規で就職した際に、結構驚いたことがいろいろあったんです。「いままでと全然違う！」って。

　もちろんどこの保育園にも保育の計画があって、それに則《のっと》って保育士たちはやってるんだけど、小金井の保育はもっと「人」が前面に出てやっているっていうのかな……。とにかくキャラクターが濃い人たちばかりだった（笑）。例えば子どもを集めるときにピアノを弾いて「おかたづけ〜おかたづけ〜」なんてやるとか、みんなで朝に体操をするなんていうのが、専門学校的には普通だと思っていたんだけど、ピアノは弾かないし、全然一斉にもやらないし……（笑）。

アサダ　一堂に子どもを集めて一斉に何かをやるというのは、小金井市にはなかったってことなんですか!?

小方　ほぼ「ない！」って思った！　各保育士が、それぞれの個性を使って「自分の好きなようにやっているだけでしょ!?」と思えちゃうくらい。みんなも自由で楽しそうだし、いろんな特技と個性をもった保育士と子どもたちがいてね。まぁ、ピアノを弾けない保育士もいたっていうのもあるけど（笑）。でも、弾ける弾けないじゃなくて、弾くか弾かないかなの。ピアノでやらなくても、「かたづけようね」って言葉で言えばいいわけだし、一斉にやらなくても、その子がやりたがっているタイミングに沿ってアプローチしていけばいいわけなので。いま思うといろんな縛りが少なかったし、東京都からの指導もゆるい時代だったから、いろいろできたのもあるんだけど。

でもね、私思うんですが、保育って確かに計画に則ってやるんですが、やるのは結局、保育士という「人」なの。さっきも言いましたが、そういった、人も含めた「環境」を通して出てくるものが保育なので、同じ計画と目標をもってやったとしてもその表出の仕方は、保育士によってそれぞれ違ってくるものなんです。だからこそ保育士は、保育の知識だけじゃなく、人間性や感性を磨き続けなければならないし、「保育士ひとりひとりの感性や個性をまんま出してる感じ」が小金井市の保育の特性にもなっているような気がします。

アサダ　ちなみに先ほどから麻紀さんが、小方さんのことを「先生」じゃなくて「オガちゃん」って呼んでいるのも気になっているんですが……？

小方　小金井市の公立保育園って、みんな「先生」って呼ばないで「さん」付けなの。それは昔からで、いまもそう。私の場合、「オガタサン」って発音しにくくて、あるベテランの人に「オガちゃん」って呼ばれてから、ずーっと「オガちゃん」できてますね。私たちは「センセイ」じゃなくって、働く親たちの仲間、子どもたちの仲間だから、「センセイ」は使わないんだと最初に教わって、「へえ、そうなんだ！」と。だから、保育士同士もそう。

麻紀　「センセイ」で呼ばないのには気づいていたけど、ずっと「なんでかな？」って思ってた（笑）。入園のときから当時の園長先生含めてもみんなそうだったから。それにそもそも入園式もなく、突然初日にホールに集まるだけで、そこで「さん付けで呼んで」って言うし（笑）。

小方　「さん付け」の説明はちゃんとしたよ（笑）。

そうだ、いま思い出したんだけど、その昔、実習先に行ったときに、先生が子どもに言うことを聞かせようと一生懸命頑張っていて、二、三年目の若い保育士が大きな声を出して怒ってたのね。だけど、何十年も前に私が小金井市に入ったときは、けんかが起きたら慌ててそこに割って入るというよりは、双方に言い分があるだろう……、みたいに保育士は関わるし、「先生vs.子ども」というよりは、「目の前にいる子の仲間・支援者」という感じで保育士は関わっているという意識があったの。

危ないときはそりゃ駆けつけるんだけど、この子が何を言いたいのか、いま何を考えている状態かをぐっと見極める経験を重ねるなかで、いますぐ駆けつけなきゃいけないのか、少し待って後から行った方がいいのか、保育士抜きで子どもたち同士で話をさせた方がいいのか、という頃合いをちゃんと読んでいた人が多かったと思うんです。

保育士の実践を「言葉」にすること

アサダ　小金井市に就職され、先輩保育士から受け継いできた環境が、小方さんご自身の保育観につながっていることが見えてきました。その小方さんにとっての「根っこ」は、日々の実践のなかで鍛えられてきたんだろうけど、そういった経験をこの本のように言葉にしたり、あるいは研修みたいな場で語ったりすることはこれまであったのですか？　それよりもやっぱり、かつての職人的な「背中を見て覚えろ」みたいな？

小方　どちらかというと後者の方。私が若手の頃はいまみたいに人手不足でもないし、ちゃんとクラスに正規の職員が複数いた時代だから、新人はベテランの保育のありようを見ながら成長できたんですよ。そういった「出たとこ勝負！」「背中に学べ！」的な感覚が昔はあったけど、いまの若い保育士は打ち合わせを綿密にして、「今年大事にしてきたことは、この機会に親にちゃんと話そう」とか話し合ってもいるから、ひょっとすると「言葉にする」というスキルは、私たちの世代の保育士よりも上がってきているのではないかな。

アサダ　というのは、小方さんにしても他の保育士さんにしても、同じように質の高い保育をされているだろうと想像しつつも、その実践が保育士同士で共有されていないのか、親に伝えるための言葉が保育士によって違いますよね。親からすると「現場を直接見ていない分、言葉の比重が大きい」というか……。

だからこそ、伝える言葉によって親は麻紀さんのように感動したり、心底励まされたりもするし、逆に「本当にちゃんと保育してるのかな」と物足りなく思ったりもする。その差ってとても大きいのかもしれないなと思いました。

小方　そうですね。だから最近は「現場をできるだけ生で見せる方法」として映像を使っています。散歩に行くところの動画を撮ったりとか、ごっこ遊びの様子をスライドショーにして観てもらうとか。そういった子どもたちの日常を直感的に見せる手法に変わってきていますね。

親の方から、いろんな状況に想いを巡らせながら説明を聞くのはわかりにくいし、ちょっと面倒っていう声が最近は多いんですが、映像を観て「ああ、そういうことね」って納得されることはありますね。

麻紀　オガちゃんの保育観については、これまで何回も聞いてるけど、結局それが保育士個々人のやり方になってしまうのは、小金井市の保育には「マニュアルがない」って話だよね。オガちゃんのように「人」がずっと伝えてはいるんだけど、「言葉」として、形としては残ってないんだなあって。

小方　その点は小金井市は遅れてるの！　本当は小金井の保育のスタンダードが、ちゃんと文書化されていないとね。それに近年は、計画や日々の実践、修正点なども文書に残さなきゃいけないって保育士業界も変わってきてる。「保育所保育指針」【＊2】が平成三〇年度に新しくなるんだけど、そのひとつ前（平成二〇年度）の改定のときからも、記録として残すことが重要だってずっと言われてて、外部の評価を受けるときも「じゃあ記録を見せてください」って必ず言われる。正直、私たち現場の保育士からすると一番苦手なところではあるんだけど、制度的にもちゃんとやらなきゃならない。でもそれ以上に親はもちろんのこと、

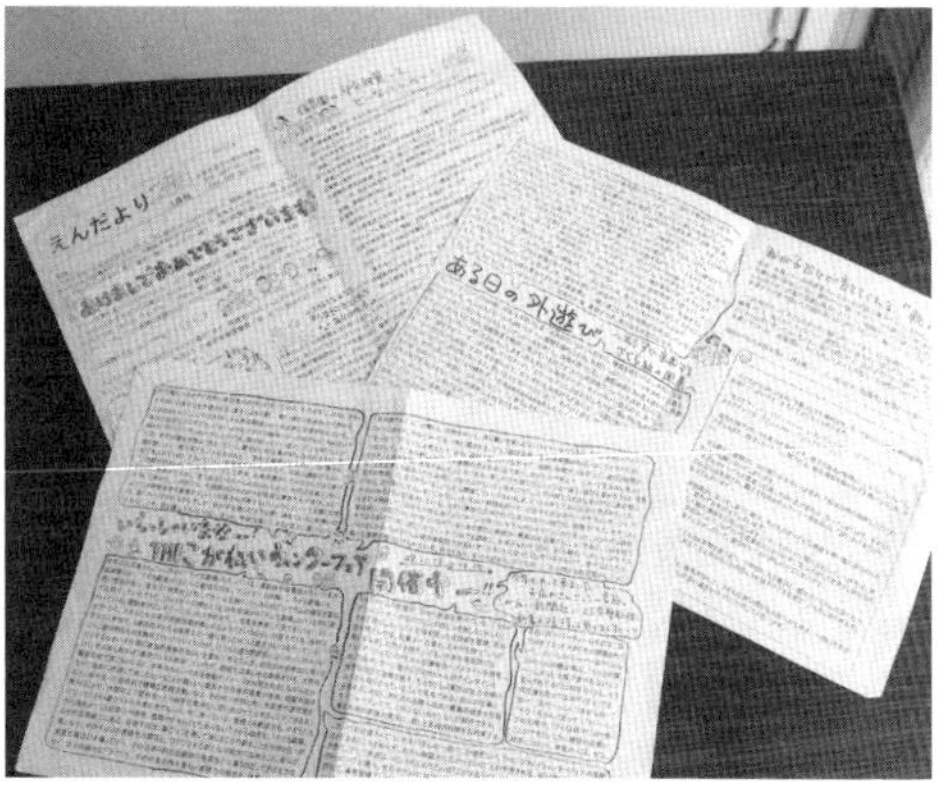

小方さんが園長になってからリニューアルした小金井保育園の「えんだより」。小方さんの熱い保育メッセージが、手書きの文章で紙面から溢れんばかりにびっしり！

地域といった「外」にまで私たちの活動をちゃんと伝えていかなきゃいけないと思い始めたのは、三年前に園長になったときなんです。

園長の仕事のひとつに「園だよりを書く」ってことがあるんですが、これまでの園だよりってなんか堅いし、もっと温かみのある生身の感じのものを書きたいなって思ったんですね。内容も、保育の狙いとか、保育士の熱い想いとか、それに、子どもの面白い姿とかをもっと伝えなくちゃなぁと思って。でもそういう機会がたくさんあるわけじゃないから、「園だよりは使えるな」と思い直したんですね。それで園だよりを私たちならではの保育について伝える媒体としました。

麻紀　園だよりが変わったときの率直な印象は「文字多いなー！」(笑)。でも月を追うごとにどんどんテンションが増すというか、内容もより充実してきて。裏面にある「補足コーナー」がすごいことになってきて「ああ、これでも伝えきれないほど熱い想いがあふれてるんだな」というのが伝わってきた。いままでの園だよりと違って、ちゃんと読み物になってるよね。

小方　「こんなことまでする必要あるの？」って公立保育園の園長が集まる園長会でも突っ込まれて。逆に「やっちゃいけないの？」って聞いたら、「ダメではないけど……」ってことだったから「じゃあ私はやるわ！」って言って続けてるの。あと、こういう資料作りは、麻紀ちゃんをはじめとして、一緒に共闘してくれる親との出会いもとても大きくて。よりよい保育のことを親も含めて一緒に考えていかなくちゃいけないよねっていう想いを後押ししてくれたよね。（後編に続く）

＊1　小金井市には、小金井保育園、さくら保育園、けやき保育園、くりのみ保育園、わかたけ保育園の五つの公立保育園がある。

＊2　保育所における保育内容に関する事項と、運営に関する事項を定めたもの。厚生労働省が告示する。

第7章 保育士と親はもっともっとつながれる！子どもたちの「根っこ」を育てる場の作り方と伝え方（後編）

「保育士と親はもっともっとつながれる！」と題した、鼎談シリーズを前・後編でお届け中。

出演は、小金井市立小金井保育園園長の小方久美さん、小金井市在住の二児の母で会社員の長澤麻紀さん。この前編がですね、（連載当時）おかげさまでたくさんの「いいね！」をいただき、小金井市内の広い意味での「保育」関係者（親御さん、子どもと関わる場の運営団体、市議会議員など）にたくさんシェアいただいたりで、それなりの反響があった。

改めて僕が感じたのは、「保育の質の話や、保育の在り方の話って、まだまだ世間に〝言葉〟が足りてないんだ」ってこと。

さて、後編では、さらに突っ込んで「じゃ

あ、自分たちが〝いいよね！〟と思う保育のあり方を広めるために、保育士と親はどんなアクションを起こせるのか」ということについて。平たく言えば「保育士×親ならではの場作り」について対話を進めてみた。

待機児童問題に振り回されている（例に漏れず我が家も！）読者の皆さんにも、ぜひご自分の興味・関心に引き寄せながら、読んでもらえれば嬉しい。

「公立園／民間園」「入れた／入れなかった」を超えて

アサダ　前編では、小方さんの保育観に心底感動したというエピソードを麻紀さんから紹介してもらいました。それは長男R太くんが4歳のときのクラス懇談会での話ということでしたが、小金井保育園では、その他にも保育士と親が交流するような場ってあるんですか？

麻紀　「こがねい交流会」というのがあって、R太が在園中はよく参加していたんです。園の職員と親がクラスを越えて交流する場で、なんでそんな場があるかといえば、背景には公立保育園の民営化の問題があります。この民営化の議論は以前からずっと各地であるけど、議論が本格化していくにつれて、「保育士の仕事を親はどんなふうに感じているか」を確認し合う機会が必要になったんです。要は、公立保育園の保育士さんたちも危機感をもたれたんですね。「民営化したって別にいいじゃん」と思っている親だってたくさんいるわけだし。

小方　麻紀ちゃんのような強い想いをもつ親にも出会い、何か交流の場を設けたいなと思っていたんです。私たち公立保育園にとっても、「正規職員は新規採用できない」とか、民営化に向けた厳しい状況が押し寄せていて、もっと学ばないといけないことがあると。ちょうどそのタイミングで、「うんきょう」【＊1】という、より公式な場も立ち上がって、公立保育園ならではの保育の質を検証するような機会ができたといった背景もあります。

麻紀　「公立の保育園だからこそ、私たちはこんな保育ができているんだ！」ということって、私たち保護者には全然伝わってない可能性がある。私だって、たまたまR太の担任がオガちゃんになって、クラス懇談会で教えられる体験があったから、そういうことを考えるようになっただけで。

小方　でも、やっぱり職員のなかにも温度差はあって、「保育」のことは話せるんだけど、「制度」の話になると、みんながうまくまとまっていかない。それで、いろいろ試行錯誤した結果、そもそもは民営化がきっかけではあるんだけど、「こがねい交流会」で語ることは、よりスタンダードな「保育の質とは？」という、私たちの本分に立ち返っていったんです。「保育の中身」の話であれば、私だけでなく、他の保育士や給食調理師などにも話題提供できるし。

アサダ　なるほど……。本来は民営化とか仕組みの話もしていかなきゃならないわけだけど、「そもそも何を大事にしてきたか？」という「保育の質」を話題にすれば、現場の職員も参加して、それぞれの想いを確認し合える場に近づきますよね。その一方で、こういった保育にまつわる議論に、親が継続して関心をもつことってなかなか難しいなぁとも感じているんです。

待機児童問題などは一時的（とはいえ、それなりに長期戦だけど！）に否応なしに関心をもたざるを得ないからいろいろ調べたり、必要な制度も勉強するけど、いざ我が子が入園してしまえば、日々の仕事と育児の忙しさに流されてしまうというか。

でも、小方さんの語る「見通しをもった保育」ということを考えると、保育って、子どもたちが学校に上がって以降の成長にもずっと関わってきますよね。保育園で過ごす時間は、子どもにとっても親にとってもそれくらい大切な時期なんだと。

小方　子どもをもつ前と、もってからの世界って、親の人生の変わりぶりったらないわけじゃない？　これまで「自分が一番！」で生きてきたのに、子どもができたら自分の価値観というものを多少手放さないといけなくなる。でも、親にとって未知の世界に、子どもが誘ってくれることもたくさんある。だから子どもは親の人生に幅をもたらしてくれるし、親にしてくれるのは我が子しかいないわけだけど、でもね、どうしてもそういう世界にどっぷりハマれない人や、子ども中心の生活を受け入れるのに時間がかかる人たちもいるの。「親には親の生活があるんだ」「親の価値観があるんだ」と。だから「子どもは子どもでやってくれよ」「全部保育園でやってくれたらそれでいい」って。私の実感では、世間の親たちの半分、いや、もしかしたらそれ以上が、そうなってしまう親たちかもしれない。私も親なので、その気持ちはすごくよくわかります。でも、その面倒くささを楽しめたり、「何かこれが力になるんだよな」って思える人と思えない人たちの差は大きい。

アサダ 「半分以上は面倒くさがる」っていう話は、自分のなかにもそういう気持ちがないわけじゃない。

いま保育園を選ぶときって、どうしても「消費者目線」というか、サービスを選ぶみたいになってしまいがちですよね。「駅前にある」とか「洗濯してくれる」とか。親が働きやすいように、親の負担はどんどん保育園が担ってくれて、子どものことに関しては「今日はこれができるようになりましたよ」って報告してくれたら、それで満足って気持ちに僕なんかはなりがちです（笑）。

でもそれって、意地悪な見方をすれば、すべて「ポイント制」って感じもするんです。子どもたちの成長を見守るまなざしまでが、「この施設が便利」とか、「0歳でこれができた」という、わかりやすいポイントとしてしか見えなくなっている。それは親が家庭で子どもを見るまなざしにまで影響してきますよね。

小方　いま、保育園がいっぱい新設されてますよね。世の中の流れとしては待機児童ゼロになればいいのかもしれないけど、果たしてそれだけでいいのかと思います。なかには公立五園を第五希望まで書いてくる人もいるけど、それは本当に一握り。「本当は公立に行きたくなかった」って人もいるの。

公立は何かと親にあれやれこれやれとうるさいし、面倒くさいことが多い。いろんな価値観の親がいるから、洗濯は保育園がやってくれて、運動会や発表会（公立保育園はそういったお決まり行事が少ない）でたくさん写真が撮れて、良い思い出を残してくれる保育園がいいっていうのも、親が選ぶ基準のひとつなんだとは思う。

アサダ　ただ、そこで大事にしたいのは、サービスを選び取るという観点よりは、この保育園で子どもがどんなふうに楽しくじっくりと育っていくかを見極めながら選べた方が、本当はいいということなんでしょうね。選ぶのは親かもしれないけど、結局そこで長い時間を過ごすのは子どもたち自身なんだから。

小方　もちろん民間園だって素晴らしい保育を展開していますし、公立だから民間だからという問題が本質ではありません。子どもの最善の利益を守る、ひとりひとりの子どもを尊重する。そこだけは揺らがないで、子どもにとって必要だったら、たとえ面倒がられたとしても「ここはお母さんも、ちょっと頑張ってね」って言い続けたいって思う。

アサダ　でも、こういう話をしながらやっぱりムズムズモヤモヤしてくるんですよね。実際は、そんなふうに保育園を選ぶ権利が親にはないから。待機児童が多すぎてまぁそれどころではない。そして、むしろ親が興味をもっていることって「保育の中身」というよりは「保活の方法」ですよね。

「保育の中身」にこだわりたいという気持ちと、「でもそも保育園に入れないじゃん！」という理想と現実の間で板挟みになる親はかなりの数いると思うんです。

麻紀　利便性どうこうというよりは、やっぱり保育士が働く親を応援してくれているっていう態度が表れていると、親にとってとても嬉しいなと思う。

例えばR太は夜すぐに寝ない子なんですよ。二三時くらいまでは平気で起きていて、もっと遅いときは二四時を過ぎるくらい。R太が4歳でオガちゃんが担任のときに「なかなか寝ないんだけど、ちゃんと寝かした方がいいのかな？」って相談したら、「この子はちゃんと朝登園してきて元気いっぱい遊んでいるから、二三時に寝ても大丈夫な身体になっている。それを二一時に寝かせなきゃいけないって思ってお母さんがストレスに思うならそんなことしなくていいし、この子が〝変だな〟って気づいたらちゃんと言うから、安心して仕事しておいで」って言ってくれたんですよね。

そういう心配事をちゃんと聞いてくれて、仕事に気持ちよく送り出してくれることで、本当に保育園には助けられてきましたね。

アサダ　なるほど。それでいて、親が親としてするべきことはちゃんと「お母さん、そこはしっかり頑張ろう」とはっぱをかけてくれると。

小方　いろいろな課題があるけど、いま改めて感じているのは、小金井市内の保育園に入っていようが入っていなかろうが、子どもたちの未来を守るために「全体の質を底上げする」っていうのは、保育士であればみんながもっている願いだと思うので、営利とは違った観点から、制度として小金井市全体の保育の質をちゃんと担保していく議論が必要だということ。公立園、民間園の立場を超えて何かもっと大きな輪になればいいんだけど、まだそこまでは至っていないのが現状ですね。

アサダ　新しくできた民間園に対する中間支援の可能性はどうなんでしょう？　公立園は何より「地域」のことをよく知ってますよね。小金井市ならではの保育の歴史や、小金井市にどういったソーシャルワーカーがいたり、サポート制度があったりするとか。それに、市民活動を盛んにやっている親御さんの存在とつながっていたりとか。

園庭を貸したり、おもちゃを貸したりもだけど、それ以外にも連携できる仕組みがあれば。公立保育園が民営化されていくときにできることは、自分の園の運営とともに、民間も含めてその地域の保育園のハブ機能を担うということだと思うのですが、そういう議論や実践はあったりするんですか？

小方　議論はあります。実際にやっている市もあります。クラス担任ではなく地域支援担当の保育士がいて、地域に出向いていってサポートするのをメインにしていたり、地域のイベントを市民団体と一緒に共催するとかね。

公立保育園も、地域子育て支援の拠点としての役割を求められてる。実際、民間園と交流や勉強会をしたり、一時保育を通して地域のいろいろな親子や専門機関と関わったりもしている。でもまだまだ足りなくて、もっとできることはないか、何かやれるんじゃないかと日々模索しています。ただ実際は、業務がどんどん増えてもそのための予算や人材は確保される見通しがなく、結局は保育士のマンパワーにしわ寄せがきてしまう……。このキッキッの保育士体制のままでは「地域との連携ももっと頑張れ」と言われても、言ってることはわかるけど、体が足りないよ〜ってなっちゃうのが現実。そこが課題ですよね。

アサダ　例えば僕らはいま東京都小金井市という地域の話をしていますが、これからここで暮らしていく、この地域で生活していくという考えをもっている人は、もうちょっと保育園のことを「自分の地域生活の延長」で捉えているのかなって気がする。麻紀さんと話していても、すごく地域の話が出てくるし。

保育園を保育園としてだけ見ると、そこが終わってしまったら、先生と親の関係性が途切れてしまうかもしれないけど、この地域で連続して生きていくことを考えると、小方さんと麻紀さんのように、子どもが卒園してもずっとつながりが続いていくかもしれない。しかも、それって公立保育園であればよりやりやすいのではないかと思うんですが。

麻紀　確かに公立保育園って先生の入れ替わりが少ないし、若い先生ばっかりでなくベテランの先生もいるので、子どもが卒園した後の交流という意味ではやりやすいかも。

私がオガちゃんを自宅に招いて始めた「スナック・オガタ」は、保育士と親たちの園外の交流会なんだけど、他の園の友人に声をかけたり、アサダ家に声をかけたりして、ひとつの保育園にとどまらず、地域ぐるみで保育について語ろうよっていう意味もあったんです。

長男のR太は小金井保育園を卒園したけど、長女のS子は小金井保育園に入れなくて、別の民間園に通っているので、私としては別に「公立園に通っている子の親」として、いまは活動していないというか。その方がいろんな立場の人を招きやすいんですよね。

アサダ　逆に言えば、だからこそ麻紀さんの本気度が見える。公立園在園児の親としてのみ活動するとやっぱり「ああ、あの人は特別だから」ってなってしまう。

小方　いやぁ、ほんとにここ最近なんとなく半歩足が出始めたかなって感覚があるのは、麻紀ちゃんたちパワフルな親御さんとの出会いのおかげだし、今回のこの鼎談の機会もそうだし。とにかくさまざまな方策を練りたいともがいているところだわ。

アサダ　いまさらながら小方さんにうかがいますが、麻紀さんら、「保育士／保護者」という壁を取っ払って想いを共有できる親御さんとの出会いってやはり大きかった？

小方　大きいも何も、いまの私があるのは、親御さんたちとの出会いのおかげ！　「保育園のために……」とか「親と保育士が一緒にやれることっていくらでもあるよね」っていう親御さんたちの想いにすごく支えられてここまで来ています。「こがねい交流会」にしても、参加者が増えず停滞していた時期もあり、存続やいかに……とまで考えたりしたけど、麻紀ちゃんはじめ常連さんや、「時間が合えば出たいんだけど……」とか「来年は出られるかも」って言ってくれる人たちに支えられて、細々ながら四年間積み重ねてきたんですよ。

保育士と親が楽しくコラボする「場作り」のバリエーション

アサダ　小方さんが麻紀さんのような親御さんに影響を与え、「保育士／親・保護者」とか「保育園／家庭」といった立場を超えて交流していく場のひとつとして、先日、麻紀さんがご自宅で開催した「スナック・オガタ」はとても面白かったです。

地元の保育園の先生と日曜の昼間に、ホームパーティーで美味しいご飯を食べながら気軽に保育の話をする場って、僕は少なくとも参加したことがなくて（笑）。小規模だったかもしれないけど、あれも保育を「外」に開いていくひとつの場作りだと思います。

麻紀　待機児童がどうのこうのっていう人や、民間の保育園に通わせている人、幼稚園に通わせていたり、保育園に入れようか幼稚園に入れようか迷っている人にも、みんなに来てほしいと思っていて。なぜなら狭い意味での「保育園」の話にしたくないって問題意識がまずあるから。

長澤家で開かれたスナック・オガタの様子。

保育士の保育の質にまつわる考えを通じて、私たち親は「保育」よりももっと大きくというか、これからも続いていく「子育て」に関する考え方を底上げしたいなと思っている。待機児童の愚痴とか子育ての不満を言い合って「辛いよね」って慰め合うママ会もいいんだけど、私はみんなでもっと上がっていける、子どもも親ももっと楽しく育っていける、そんな親たちが集まる街なかの発信源として、オガちゃんはじめ、面白い保育士の先生方がもっと前に出られないかと思ったんですね。

だから、私は私なりのやり方で、まず日曜の昼のホームパーティーって方法をとりましたが、どこかお店を借りてお酒飲みながら夜の部をやってもいいし、市民会館の大ホールや公園でフェスみたいにやったっていい。そのためには、親たちが自分の表現、特技をもち込めることも大事だと思っていて。例えばうちの旦那だったらバンドをやっていて楽器ができるとか。旦那のバンド仲間には実は別の市の保育課に勤めている人がいて、「保育の話や民営化の話もできるけど、まずは曲を演奏します！」みたいな（笑）。そういうことができたらいいなと画策してますね。

アサダ　問題を語るときの入り口をとにかく柔らかくラフに、そして何よりも楽しく演出・表現するって話ですね。子育ての話ってそれこそ日常だから、「話すことがまったくない」ということはないはず。どうやって対話のスイッチを押すか、そこに創意工夫の見せどころがあると。

その延長線上には、先輩ママの子育て自転車ルートをもとにしたビデオ作品や、最近その延長で取り組んだ「こどもみちを行く」という作品もありますね。

麻紀　子どもたちの胸元にスマホを装着し、R太とその友達とそのママたちと一緒に、家から保育園までの通園ルートと保育園から野川（小金井市内南部を流れる川）までのお散歩ルートを子ども目線で撮影し、そのあとで子どもたちにさっき歩いた道の地図を大きな紙に自由に描いてもらうということをしたんです。東京学芸大学が運営する、こども未来研究所

「Codolabo studio」で映像と地図を展示させてもらったんですが。

アサダ　その作品を小方さんも観てくださったと。率直な感想はいかがですか？

小方　いままでにない発見がありました。保育園でやっている散歩っていうのは、散歩に限らないけどとにかく計画と狙いがあるんですね。庭がないから外に行くとか、天気がいいから行くとかじゃなくて、散歩のなかには言語認識の領域が入っていたりとか、先を見通す力を養う目的があったりとか。

一見ただの散歩なんだけど、実はその行程にプチイベントとかドラマとかを保育士がアイデアを練りながら挿入しているの。例えば、1歳とか2歳とか小さい子どもたちの散歩であっても、暗い道を通ったときに「今日はオバケがいるかどうか確認してみよう！」とか言って、そこで風が吹いたら「今日はいるかもしれない！　ちょっと小走りで！」とか。「ここの犬を起こしちゃいけないから、音を立てないように歩いてみようか？」とか。そ

麻紀さんやR太くんたち親子が取り組んだ「こどもみちを行く」の展示。モニターには子どもたちの胸元につけたスマホで捉えた通園・散歩の映像、壁面には撮影後に子どもたちが描いたルート地図を展示した。（東京学芸大学こども未来研究所「Codolabo studio」にて）

の子たちと保育士しか共有できないドラマをいっぱい体験して、保育士と子どもたちが「共犯者」になっていく。

　その一方で、麻紀ちゃんのあの作品を観たときに、「あ、〝ひとりひとり〟なんだな、やっぱり」と思ったのね。本来はいろんな個性や興味のある子たちと、計画に則ってグループとして共犯者になっていくんだけど、そもそもはひとりひとり。いろんな風景を実はそれぞれが見ているんだっていうのは、改めて新鮮な発見だったんです。

　でもそのなかにも、私たち保育士と共有したドラマをちゃんと受け継いでくれている。R太くんが野川に向かったときの映像を観ると、5歳のお泊まり保育で共有した「恐竜の世界と通じる穴」のドラマが、ちゃんと彼のなかに響いていることがわかる。その安心感というか、やっていることがちゃんと子どものなかに積み重なっていることはやはり嬉しくて。新鮮さと安心感、両方の発見がこの作品から感じられました。

アサダ　麻紀さんが参加されていた小金井のアートプロジェクトでは、二〇一七年に「想起の遠足」【＊2】というテーマでまち歩き企画を開催したんです。小金井の街の記憶をもとに、さまざまな遠足ルートを市民ひとりひとりが仕込んでいく。麻紀さんはそこで、この「こどもみちを行く」という企画をされたわけだけど、僕が演出してきたことって、いま小方さんがおっしゃっていた、目に見えないドラマを共有しながら街を違うまなざしから捉え直すってことの、大人バージョンだという気がするんです。

あるひとつの妄想、認識のモードのもとで街を歩く感覚の原体験は、明らかに子どもの頃にあり、誰もが子ども時代は自然にそれをやっていて、「まなざしのルール」が街中にたくさんある。それこそ思考のスイッチひとつでリアルな「ポケモンＧＯ」みたいなことができてしまうんですよね。

どこどこのマンホールや白線は踏まないように歩くとか、必ずこの石垣では綱渡りのように歩くとか、ここでは犬が吠えるから必ずその声と呼応した謎のルールで走り抜けるとか。子どもと過ごすなかで、大人はそういう感覚を再び手繰り寄せる経験をしているのではないか。しかもそれは僕のようなアートを仕事にしている人間にとってはとりわけ「子どものすることだから」の一言では済まされないような重要な気づき、想像力（イマジネーション）と創造力（クリエイション）の両方のヒントに溢れていると思っています。

麻紀　自分の子ども時代を思い出すっていうのもあるし、自分の子はいまこんなのを見てるんだけど、「大人になった自分はいま見てないな」っていうことも気づかされましたね。同じ街の風景なのに、見ているところがまるで違う。「過去の私」にも出会い直せるし、「子どものいま」にも出会い直せるというか。

アサダ　そういった気づきが、保育や子育てについて共有する場をどう楽しく表現・演出するかというテーマにつながると思っています。少なくとも僕がやっているような謎のアート活動にも、保育を語り直すヒントはたくさんあると。子どもと一緒にビデオカメラ片手に散歩するでもいいし、一緒に音楽をするでもいいし、絵本を作ってみるでもいいし、どんなことでもいいと思うんだけど、そのときに親の「親という立場ではない〝個人〟としての背景」が滲み出るというか。

だから、問題そのものを語り合うというよりは、自分の得意なフィルターを通して語り合うっていうことがもっとあってもいいのかなって改めて思います。親は「親」としているだけじゃなく、当然何か好きなことがあって、「子どもに対する接し方のオリジナリティ」をもちうるはず。そういった「子育てに対する態度」と、今日語ってきた「保育の質」っていう話がつながったらいいのになって。

麻紀　まさに、オガちゃんの話は、自分の得意なことを子育てにつなげるハブになりうると思っています。それは保育園だけでなく、家庭の日常生活でも使える知恵。だから、子どもがまだ生まれてなくても、これから生まれたらこんなことがしたい、とかでもいいし、幼稚園に行っていたとしても使えるし、「保育園」というジャンルを超えた普遍的な話だと思っています。

前・後編にわたってお届けした鼎談「保育士と親はもっともっとつながれる！」、いかがだっただろうか。

今回の対話で一番感じたことは、「〝保育〟を自分の関心へと手繰り寄せるためのモード（気分）は、もっと多様で自由でいい」ということでした。はっきり言って、保育士の誰もが小方さんのようになれるかといえばそうではないと思う。ましてや、親の誰もが麻紀さんのようなアクションを起こせるわけでもないだろう。

お二人はあくまで「〝保育〟を楽しく表現する、愉快なタッグ」の一例だ。だから彼女たちを目指そうというよりは、「〝保育〟という広範なアクションのお皿に、私だったらどんな〝一品〟を盛りつけられるだろうか？」という問いを、楽しみながらもつことが必要なのではないだろうか。

＊1　小金井市公立保育園運営協議会の略。公立保育園における保育内容の確認や評価、保護者が求める保育事業などについて、今後の行政運営の参考とするための意見交換の場。

＊2　「想起の遠足――このまちの「記憶」からあのまちの「記憶」を手繰りよせる日常ツアー」のこと。主催：東京都、小金井市、アーツカウンシル東京、NPO法人アートフル・アクション／助成：一般財団法人地域創造／企画制作：NPO法人アートフル・アクション／ゲストディレクター：アサダワタル　詳しくは http://recallkoganei-hiking.blogspot.jp/

第8章

0歳児の次女ナルの保活日記

小方久美さんと長澤麻紀さんとの鼎談は、（連載当時）小金井市内の保育関係者にたくさんシェアしていただくなど、それなりの反響があった。実際、僕も仕事場をシェアしている友人（フリーランスで二児の母）が、保育園や学童保育にまつわるさまざまな活動をしているということもあり、あのあと、いろんな縁に導かれ……。

ここからはそういった記事への反響と、我が家の次女ナルの保活の現状について、とっ散らかりながらも書こうと思う。

理想と現実のハザマのモヤモヤ

記事を読んでくださった学保連（小金井市学童保育連絡協議会）の役員の方や、子育て分野に力を入れてらっしゃる市議会議員の方、記事で紹介してきたワーママ・長澤麻紀さんたちとの飲み会に参加。そこではやはり「保育の質」や「広く子育てに通じる話」についてなど、ワイワイ語り合うわけだ。

しかもただ楽しく話すだけでなく、（メンバーがメンバーだけに）より良き政策を作っていくためにはまず誰々に話をして、次のあの会議の場でこういう提言をしていこうとか。これってまさにアドボカシー（政策提言）の世界！　いやはや勉強になるわ。

一方、Facebookでこの記事を紹介するなかで、「自分で仲間たちと保育園を作れないか」といった希望や、「都市部とは違った、地方ならではの保育の素晴らしさもあるよ」といった意見、「認可外の保育園の園長をしている。少人数で子どもたちと丁寧に触れ合えるが、経営は大変」といったリアルな悩みを書き込んでくださる知人たちもいて。

とにかくこういった自由な議論の土台として、先ほどの鼎談のような「目指すべき保育についで言語化された資料」があることの大切さを、ひとりの親としても、物書きとしても強く実感できたわけです。

しかし、その一方で、僕にとって一番向き合って話さないといけない妻に、改めて記事について「どう思った？」と聞いてみたら、こんな答えが。

「伝えたいことの意味はわかる。保育の質が大切なのも、保育士と親がタッグを組めるのもいいなぁって思う。でも……、やっぱり保育園に入れなかったら、その話はなかなか〝自分ごと〟として読めない!!」

それはやはり正直、うーん、そうだよね（苦笑）。妻のみならず、「鼎談の内容は良かったけど、実際には難しいよね」といった意見を知人数人から聞いていたので、理想と現実のギャップについて考えさせられたというか……。

僕自身もそんなモヤモヤした気分をぬぐいきれないなかで、あの鼎談の時間を過ごしたし。

それでも！　それでも僕はこの鼎談を実現できて、こうして本を書くことで世間に公開できたことは、とてもよかったと思っている。保育に関して確固たる軸がない僕は、ともすれば目の前の忙しさにかまけ、消費者的なノリにからめ取られ、「このご時世、保育園なんて入れるだけでありがたいんやから……」となりがちなところを、踏みとどまれるようになったというか。

妻の仕事も忙しくなってきているし、次女ナルもなんとか保育園に入れたい……。それでも、そこに実際に通うのは親でなく子どもであり、だから自分が住んでいるエリア（現在は小金井市なわけだけど）で、保育士によってどのような保育実践が守られ、引き継がれ、それを親たちがどう感じてきたのかを含めて、いったん言葉にして、「自分ごと」にしてみようと思ったわけで。そうすれば今後判断できることはきっと増えるだろうと思ったわけだ。

実際に、長女ミコの送り迎えの際に、以前よりも先生たちの日々の実践を丁寧に見つめるようになり、家庭の話も積極的に語るようにして、家と保育園での子どもの日常を地続きで捉えるように心がけたり。ささやかながら起こせる変化はたくさんあると思った次第だ。

虎視眈々と「空き」を狙うも……

そのあとは相変わらず役所に足繁く通い、認可保育園の0歳児の空き状況をチェックする日々。同列グループの園だけなぜか空きがあったりすれば、裏事情でもあるんじゃないかと思い、この手の情報に詳しいママたちに確認して「ああ、やっぱいろいろあんねんなぁ。役所はそういうこと絶対教えてくれないし」と思ったり。

認証保育所を含めた認可外保育園【*1】に一件一件問い合わせ、「いやぁ、空いてないですねぇ」と言われ、また役所で「認可外なら、国分寺市や小平市など、市を越境しても入園できますので、リスト持ってきましょうか」と提案され、一応プリントアウトしていただくも、車を持ってない我が家が電動自転車でそんなに遠くまで日々送り迎えするのはやはり困難であることに落胆し……。

話は変わるが、小金井保育園の小方園長に登場していただくにあたって、ちゃんと小金井市保育課課長殿に取材依頼書なるものを出している。つまり公式のルートを通して取材させてもらったので、さすがに課内でもあの記事は回っているだろうと思っていて。だから、ちょっとなんていうのかな、自意識過剰なんだけど「ひょっとして、窓口で名前を言ったら、俺のことわかんじゃね!? しかも小方園長と俺、顔出しで写真だって掲載されてるし、面われてんじゃね!?」みたいな期待もあり（笑）。

それでですね……、役所に行ってちょっと「アピった」わけですよ。

アサダ　ええっと、アサダと申します。アサダワタルと申します。
担当者　はい、アサダさんですね。今日は保育園のことで相談ですか？
アサダ　はい。アサダです。保育園に入れなくて……、いやぁアサダです（まっすぐ相手の目を見て、しっかり顔を見せる）。
担当者　（戸惑いながら）はぁ……ええっと……、状況をもう少し聞かせていただけますか？

アサダ　……（ダメか）。

まぁ、こんな感じで謎のアピールは大失敗（泣）。こんなことしても、保活には何の効力も発しないことがよーくわかりました（考えてみれば当たり前だ）。

家に帰って妻とこんなダメダメエピソードを喋っていると、優しい妻はこう言った。

妻　お父ちゃん、保活頑張ってくれるのはありがたいけど、いまんところそんなに仕事入ってきてないし、なんとか家でナルちゃん見ながらできるし、焦らんくてええんちゃう？

アサダ　まぁそうやね。でもある程度動いておかないと、急に動いて入れるもんでもないからなぁ。

妻　いまナルちゃん、めっちゃ可愛い時期やから、正直、家でじっくり子育てしたいってのもあるしなぁ。でも、うーん、仕事もしたいけど。複雑やわぁ。

ちなみに現在、妻は僕と一緒に「事編（kotoami）」という屋号で個人事業を営み、主に僕が企画や執筆を手がける一方、彼女は経理やマネジメント、編集作業などを手伝ってくれている状況で。この会話をしていた時点ではまだ僕の手伝いレベルで済んでいたのだが、そのあと状況が変わることに。

滋賀に住んでいた際の職場から、比較的まとまった仕事の依頼が妻めがけて入ってきたのだ。ちゃんとその仕事をコンプリートしようと思ったら……、ナルを見ながらでは正直ちょっと難しい。妻も「いよいよ保育園探さないとね。ナルと離れるの寂しいけど……、もう大人しく寝ていてくれる月齢も過ぎたし、これから仕事するなら家ではやっぱり厳しいと思うわ……」と。

そろそろ本気で預けないと!?

そうこうしていた五月末のお昼。仕事場で手巻き寿司となななチキ（ファミチキよりLチキよりななチキ派）を頬張りながら、何気に保育園の空き情報を確認していたら、ある認可外保育園（のうち認証保育所）の0歳児クラスに「空き1」の表示が。

認可園の空き情報は毎月一日更新なので定期的に見ていたけど、認可外は特にいつ情報が更新されるか知らずに気まぐれ閲覧だったので、「おお……、この時期に空き出るって珍しいんとちゃいますのん」と呟《つぶや》きながら、ポコポコ保育園（仮称）のホームページや住所を検索。

ち、近い。家からは歩いて一五分、自転車だと七、八分かかるかかからないかの距離だ。長女ミコの通うニコちゃん保育園（仮称）とは逆方向ではあるものの、ここなら先にミコを送って一回家に戻り、次女ナルを送ったとしても、そう負担はなさそう。

でも気になるのは、いわゆるひとつの高架下保育園であること。知人ママに聞いてみると悪い噂は特に聞かないと。いろいろ考えることはあるけど、何よりもまず本当に空いているのか問い合わせて、実際に見学してみないことには始まらない。さっそく、園に電話してみた。

アサダ　もしもし……、私○○町在住のアサダと申します。0歳児の娘がおりまして、空きが一名あると役所のホームページで拝見したんですが……。

先生　はい。いまなら空いていますよ。お嬢さまは何ヶ月ですか？

アサダ　もうすぐ七ヶ月になります。

先生　わかりました。見学されますか？

アサダ　はい！　妻と日時を相談し、またご連絡します。

先生　はい、お待ちしております。

ものすごく淡々とした感じだが、逆に言えばめちゃくちゃ落ち着いている雰囲気の女性の声。ベテランの先生だろうか。とにかく脈あり。でもいまさらながら、認証保育所の保育料って確か所得とか関係なく、一律で結構お高かったような……。

気になって保育料を確認すると、週五日（月〜金）の一六〇時間枠で六万円強。おお、たけ――。うちはまったく裕福でないので、なんとかしておくれやすって感じだが、確か認可外には市から補助金が出ていたことを思い出して、役所に電話！　小金井市の場合「第二子は一律三万円支給」されることがわかり、三万円強ならなんとか払えそうでひとまず（まだ入園が決まってもないのに）胸をなでおろす。

そうこうしていたら夕方になり、ミコを迎えにニコちゃん保育園へ。今日は名作絵本『そらまめくんのベッド』（なかやみわ作・絵、福音館書店）を読みながら、リアルそら豆むき体験をしたとのことで、「おお、それめっちゃイケてるやん」と思いながら家に連れて帰り、そのまま家でごろんごろんと転がっておられるナルを抱き上げながら、妻にポコポコ保育園の空きのことを話す。

妻は、「あぁ……。入れたらいいな……。でもほんまに入れてしまったらどうしよう？　寂しいやろうなぁ……、でも仕事せなあかんしなぁ……」と狭いリビングをぐるぐる歩き回りながら独りごつ。

「いや、そもそも見学に行かないとどんな園かもわからんし、いまの時点で入れる保証なんてないから、それはザ・取り越し苦労やで。とりあえず行こや」「よし、そうやね！」ということで、さっそくその場で園に電話。翌日の夕方から三日間、北海道に出張が入っていたため、直近の日時を狙って、その前の一三時に見学を申し込んだ。

さて見学当日。妻とナルと僕の三人でいざ出陣！　園はＪＲの高架下にあるため、建物の構造上、園庭と園舎と自転車（ベビーカー）置き場が鰻《うなぎ》の寝床のように細長く続いていく。入り口でチャイムを鳴らすと、昨日の電話の相手とおぼしき女性の先生が対応してくださった。

年配でいかにもベテランという風情。園長先生だった。淡々としているが決して愛想が悪いわけでなく、相手を落ち着かせる穏やかな語り口。ちょうどお昼寝タイムだったので園は静か。ヒソヒソ声で各クラスルームを見学させていただくと、ほかの先生方もニコニコ対応してくださった。電車の音がどれくらい大きいのか気になっていたが、専門家を入れて防音対策をしたとのことで、実に静かだ。

ひととおり園内見学を終えたのちに、こちらの事情を聞いてもらった。現在、お姉ちゃんが別の認可保育園に通っているが、妹は同じ園に入れなかったこと。妻の仕事はフリーランスのため時期によっても変動があり、いままでは比較的落ち着いていたので、この子を家で見ていたが、状況が変わってきたこと。いずれはお姉ちゃんと同じ園に通わせたいが、いつになるかわからないので、まずは預かってくれる園を求めて、父親が中心になって保活してきたこと。娘はまさに離乳食が始まったばかりで、そしてまだ人見知りしない状況であること。実際に預けるとなったら、基本は週五日だが、妻の仕事の状況を見ながら時間を短くしたり、ときに家で見たりと、臨機応変に預けられるのが希望だということ。

園長先生はひとつひとつの話に頷《うなず》きながら、「よくわかりました。入園を希望されるなら、後日改めて面接を受けていただき、そのうえで他の希望者とともに抽選となります」と言った。僕らは家に帰って相談し、「環境のことで気になることがないわけではないが【＊2】、先生（園長以外も含めて）の落ち着いている感じがかなり好印象だったので、ここは申請してみるか」ということに。

妻は「いやあ、やっぱり抽選なんやね……。そんなにすぐ決まるみたいな甘い話ないよね。落ちたらショックやなぁ……。でも、通っても寂しいなぁ……」と、どストレートに複雑な気持ちを、またも狭いリビングをぐるぐる歩き回りながら独りごつ。あげくの果てに「お父ちゃんの悪魔！　こんな可愛いナルちゃんを、もう保育園に入れようとするなんて！　この人でなし！」となじる始末。いやいや、まだ決まってないし（笑）。「でも！　やっぱり仕事もしたい！　でも……」（以下同文で二〇リピートくらい）。妻と申請資料の打ち合わせを済ませると、園に電話し三日後に面接が決定。僕はそのまま羽田空港へ向かった。

新たなステージへ

面接には僕も同席したかったが、あいにく時間が合わず、妻とナルに託す。認可外なので、面接で特に娘と親のどの面を見るのかは、向こうの基準次第。だからこっちは想像するしかない。他の応募者はどんな家族だろうか。うちの子は七ヶ月でまだ離乳食を始めたばかりだし手がかかると思われるだろうか、逆にもっと月齢が小さい子の方が預かりやすいから、かえってうちは不利だろうか、そもそも、われわれ親の印象はどう映っているのだろうか？見学のとき俺は髭をそっていたか、妻はちゃんと園長の目を見て話せるだろうか……。とにかく想像すればするほど取り越し苦労でしかない。

面接のあと、妻から一報を受ける。「終わったよ。なんかね、〝たぶん大丈夫だと思います〟って最後に言われたわ。もう今晩には電話で結果知らせてくれるって」。おお……、なんだかわからんが、そんなことをわざわざ面接の最後に言ってくれるってことはもう「いける」ってことよね!?

僕はそのまま長女ミコをニコちゃん保育園に迎えに行き、自転車の後ろに乗るミコにこう話しかけた。

僕　あのさ、ナルちゃん、来月から保育園に通うことになるかも。どう思う？

ミコ　ええっ、ミコと一緒!?　やったぁ！　じゃあ、ひよこ組さんかな？

僕　えぇっとねぇ、ミコと一緒のニコちゃん保育園じゃないんよ。あっちの方にあるポコポコ保育園ってところでな。

ミコ　この前通った、○○屋さんの近く？

僕　そうそう。だからしばらくは別々やねんけど、いつか一緒に行けるようになったらええな。

ミコ　ミコ、ナルちゃんが保育園行く朝、お手伝いするね！

僕　……(涙)。

家に帰ると、妻が園長先生とじっくり話せたと報告してくれた。面接の終わりぎわに「先生、私、正直に言えば預けたくないんだと思います。だってこんなに可愛いのに、なんで預けないといけないのかと。でも仕事もあるし、やっぱり預けた方がいいのもわかるし……」と、本音を吐露したらしい。また慣らし保育はもちろんのこと、仕事が落ち着いているときは家でともに過ごす時間を増やすなど、ゼロ（預けない）か一〇〇（フルに預ける）ではなく、家庭と保育園の協力体制を柔軟に築いていきたいということも伝えたと。

するとと園長先生は、妻の複雑な心境を察しながら笑顔を浮かべ「そうよね、可愛いもんね。よくわかりますよ。一緒に頑張りましょうね」と言ってくれたらしい。そのやりとりが妻をエンパワーメントしたのだろうか。数日前に比べて妻の表情は晴れやかで落ち着いているように見えた。

そして……。ミコとナルを風呂に入れていると、妻がお風呂場のドアをドンドンと叩いた。

「正式に決まりました！」

ひとまずひとまず。うちの家族の新たなステージに向けて、四人で祝杯をあげた。


さて、本書『ホカツと家族』ではここまで、主に「保育」や「保活」にまつわる話題をお届けしてきたが、ここから先は「家族の在り方」を中心に書いていこうと思う。

もちろんこれからも（認可園入園に向けた）保活は続くし、そもそも保育園に二人の娘が通うなか、親と保育士がどんなコミュニケーションを築けるのかといったことも引き続き考えていきたい。

とにかく、もう少し視野を広げて展開していくので、引き続き読み進めていただければ嬉しい。

＊1　東京都独自の基準により設置された保育所。認可保育所よりも開所時間が長く、全施設で0歳児保育を行うなど、共働き世帯などの都市型保育ニーズに対応している。定員・施設面積などの設置基準も認可保育所よりゆるやかで、A型（駅前基本型）とB型（小規模・家庭的保育所）の二種類がある。平成一三年（二〇〇一）五月に制度発足。（『デジタル大辞泉』より転載）

＊2　とりわけ高架下の保育所に対しては、電磁波問題が取り沙汰される。子育てに関する考え方を二分するデリケートな問題であると思うし、我が家でもこの件について調べて話し合った結果、応募に至った。例えば、
http://openblog.seesaa.net/article/441600710.html
https://ameblo.jp/kei-van-city/entry-12224260044.html を参照。

第9章

「シェア子育て」の理想と現実をくぐり抜けたら何が見える!? 松尾力・真奈夫妻インタビュー（前編）

【登場する人】
◆松尾力さん（二〇代後半、会社員）
◆松尾真奈さん（二〇代後半、国家公務員）

関東圏では謎の早すぎる梅雨明けを果たし、二〇一八年七月から次女ナルの保育園生活がスタート。慣らし保育の最初の二日間は一時間から。一時間といえば、送っていって、家に帰ってパソコン開いてメールチェックでもし始めたら「あっ！ 迎えに行かな！」ってな感じやけど、そんなたったの一時間でもナルにとってはきっと異国の地での永遠に終わらない時間と感じられただろう。妻曰く、「迎えに行って私の顔を見た瞬間、恨みのギャン泣き、家に帰っても根にもちギャン泣き」だったらしく（笑）。

という感じで、我が家もなんとか新しい生活スタイルへと突入。長女ミコは最近、親のさぼりで遅くなってしまった日本脳炎の予防接種&園庭の特につまずくところもない場所で派手に転んで両膝ズルムケという、痛い痛い尽くしのなかで毎日をたくましく過ごしている。

しかし、なんとか僕たちなりの生活を進めつつも、二人が寝静まった深夜（ナルは絶賛夜泣き中で頻繁に起きるけど）、リビングで本を読んでいる僕の前に来て、妻はこう言う。「もうイヤ！　新潟（実家）の近くに住みたい」と。でもあるときはこう言う。「だいぶ東京の生活に慣れてきたみたい。もう少し頑張れそう」と。そしてまたあるときは「いやぁ、やっぱり……」。うーん、揺れておる。揺れておるよ……。すべての原因はワタクシにあるので、こちらもこれはこれでかなり堪《こた》えるわけで。

ナルの保育園生活が定着し、かつ妻の仕事が順調に回りだし、またいろんな仲間とつながっていけば（徐々につながりは増えている）、きっとここでの生活も落ち着いてくると思うので、ブレブレに揺れながらも、妻公認でこんな原稿を書かせていただいている次第！

そんな愚痴ばっかこぼし合っている日常だけど、最近、面白いご家族と知り合った。東京都文京区に住む松尾力《りき》さん、真奈さんご夫妻と、1歳の息子さん玄《げん》くん。昨年、ある共通の友人の誕生日会がこの松尾家で行われたんだけど、ここがなかなか面白くて。

定期的に「おうちバル」と銘打ったホームパーティーを開いたり、ときおり友人・知人にイベント会場として部屋を開放し、「住み開き」【*1】的なことをやったり。僕が行ったときも二〇名くらい集まってワイワイやってたんだけど、そこに赤ちゃんもいてみんなのアイドル的な存在になっており、「どなたのお子さんかな?」と思っていたら、松尾夫妻の息子さんで、なおかつここは、別の夫婦も住んでいるシェアハウスだというではないか。

左から玄くん、力さん、真奈さん。
シェアハウスのリビングにて。

おお、子どもがいるシェアハウスか。それってひょっとして、子育ても家族というユニットを超えて住人メンバー同士で助け合ったりしているのだろうか。ちょうど、うちの妻とも「とにかく核家族は手が足りないし、実家も遠いから、なんかいい方法ないかね……」と話していたところだったので、実際のところ、このシェアハウスではどんな生活が繰り広げられているのか、改めて、松尾夫妻にインタビューすることにした。一応、インタビューに入る前に予備知識として、以下のメモにお目通しを。

松尾家が住む
シェアハウスのメモ

◆都内で会社員として働く二〇代後半の松尾力さんと、国家公務員の真奈さんが、同世代の友人である松島宏佑《こうすけ》さん、さおりさん夫妻とともにスタートさせたシェアハウス。

◆場所は東京都文京区の江戸川橋駅近辺の3LDKの賃貸マンションの一室。

◆開始は二〇一六年九月。取材は二〇一八年五月なのでシェア生活は約一年八ヶ月経過。

◆二〇一七年三月に、松尾家に息子・玄くんが生まれる。

◆松尾家、松島家以外に、これまで子どものいる別の家族が期間限定で住んだこともある。現在は、独身男性のまきおさんも短期滞在中。

◆ちなみに松尾夫妻は僕と一緒で、お二人ともコテコテの関西人。

夫婦同士のシェアハウス! のはずが……!?

アサダ 今日はよろしくお願いします。まずどういった経緯でこの家族同士のシェアハウスを始めたのか教えてもらえますか?

真奈 社会人になって東京に出てくるときに友達に「シェアハウスするんだけど、一室空いているからどう?」って誘われて。当時は家賃も安く済んで職場にも近いしいいか、くらいの軽い気持ちで住み始めたんですが、実際に生活してみると改めてシェアハウスの楽しさに目覚めたんです。住人のひとりが料理好きで、週末は友人を招いて手料理をふるまったり。そうして自然と友達の友達と縁が広がり仲良くなっていき、いろんな人たちとつながっていくのが嬉しかったんですよ。

もともと私も力も大学時代は関西で実家暮らしだったんですが、二人ともイギリスに留学したときに初めて寮生活を送って。それで多少そういった生活に慣れていたのもあったかも。そのあと力と結婚して、しばらく荻窪に二人で暮らしていたんです。そのときもさっきの友人の影響もあって「おうちバル」という、私たちが料理して友達を招く食事会をよくやっていました。家に友達がたくさん来てくれる環境を作っていくことが、もうめちゃくちゃ楽しくって（笑）。

力　そう。二週に一回とか、多いときは週に一回とか。まぁ住み開きっていうか、自分も料理が好きだったから、いっぱい来てくれた方がいろんな料理を作れるし食べられるし。そういう暮らしを荻窪で二年くらい送っていたんです。それで、こうやって二人で暮らしていても、しょっちゅう誰かを招いたりしているんだったら、せっかく東京に出てきたわけだしもっといろんな人とつながりたいなと。そんなことを考えているときに、いまのシェアメンバーである松島夫妻と出会って。

アサダ　その松島夫妻とは、いつどういうつながりで出会ったんですか？

真奈　それがかなり電撃的な出会いだったんです（笑）。私は農林水産省に勤めているんですが、松島夫妻の奥さんのさおりちゃんが、当時働いていた企業から経済産業省に二年間出向に来ていて。そのとき、私が担当していた仕事でたまたま経産省の友人に相談したのがきっかけで、その友人が「あなたはきっと彼女と気が合うと思う」ってさおりちゃんを紹介してくれたんです。

それで週末に私たちの荻窪の「おうちバル」に誘ったら旦那さんの宏佑さんも来てくれて四人で打ち解けて。会話の流れのなかで「夫婦だけどシェアハウスしたい」って言ったら、向こうも「えっ？　同じようなことを考えてる！」って話になって。「えっ？　じゃあ一緒に住もうよ」って（笑）。ちなみに宏佑さんは、「まれびとハウス」【＊2】というシェアハウスのメンバーだったこともあり、二人ともほんとにいろんなコミュニティとのつながりがあったので、それはもう、かなり大きな出会いでしたね。

アサダ　へぇ。そんな絵に描いたような出会い、あるんですね（笑）。そうやって気の合う仲間と出会えて「じゃあ、やろうよ！」って言い出してから、実際にやるまでにはそれなりの苦労があったとは思うけど。

真奈　モチベーションは問題なく持続できたけど、実際、良い物件がなかなか見つからなくて……。

力　半年くらいかかったよね。地域もいろんなところを探していて、最初は武蔵小山、次に谷根千エリアとか、あと三鷹のほうとか。シェアハウスをするにはそれなりの広い物件が必要だから、エリアは絞らず物件ありき。とりあえずリビングとダイニングは広いに越したことはないっていうのはみんな一致していて、最終的にここを見つけたわけなんだけど、その間に……、子どもがね（笑）。

真奈　そう。探し始めて一～二週間に一度は必ず物件にあたっていたんだけど、もう二回目くらいに妊娠がわかって。最初は大人四人で住むつもりで話を進めていたけど、状況がガラッと変わってしまったんです。それで、急遽二人を呼んで「大切な話がある」と（笑）。

シェアハウスの広々としたリビングにて。

「うちら夫婦は二人さえよければ、そのまま一緒に住めたらと思っている」と伝えたら、「むしろウェルカム。そういう環境も面白いよね」と言ってくれて。

力　そこからだよね。単なる「夫婦シェアハウス」から、「子育てシェアハウス」みたいな話に展開していったんです。僕らもそういうことをまったく想定していなかったわけじゃなかったけど、ここではっきりこのコンセプトを意識し始めたというか。

アサダ　前提条件が完全に変わってしまったけど、それでもゴーできたっていうのが素晴らしいですね。ちなみに子どもがいる前提のシェアハウスってなってくると、理想の物件もまた変わってきますよね？

真奈　そうなんですよ。当初はやっぱり一軒家を借りて一階を住み開きできたらってイメージがあったんだけど、ワンフロアの方が子育てしやすいだろうなとか。とはいえ、私が妊娠初期で身体が辛くて、しかも真夏だったから外に出られず。そこで力とさおりちゃんが毎週物件を見に行ってくれました。もともとは私と宏佑さんが言い出しっぺみたいなところがあったんだけど、宏佑さんも忙しくて「もうじゃあ頼むわ！」って（笑）。

力　ほんま暑くて、大変やったわ（笑）。

アサダ　確かに毎回四人で予定を合わせて物件探すのって大変ですもんね。

力　まあ各家族から一人ずつ出ていたら、もう全権委任ってことにしました。

真奈　いろいろ見たよね。でもなかなか良い物件が見つからなかったところ、候補に挙がったのが文京区西片のあたりで見つけた面白物件。三階建て＋屋根裏。一階に茶室があったり、天井に隠し階段みたいなのがあって、そこを登ると一二畳くらいの謎のスペースがあって（笑）。とにかくいろいろ面白いことができそうな物件だったので、私以外の三人は「やった！　見つかった！」ってなっていたんだけど、私はそこで子育てするイメージが全然湧かなくて。

　でも、これまですでにかなり時間がかかっていたし、なかなか見つからない焦りもあったんです。私以外の三人ですら一致

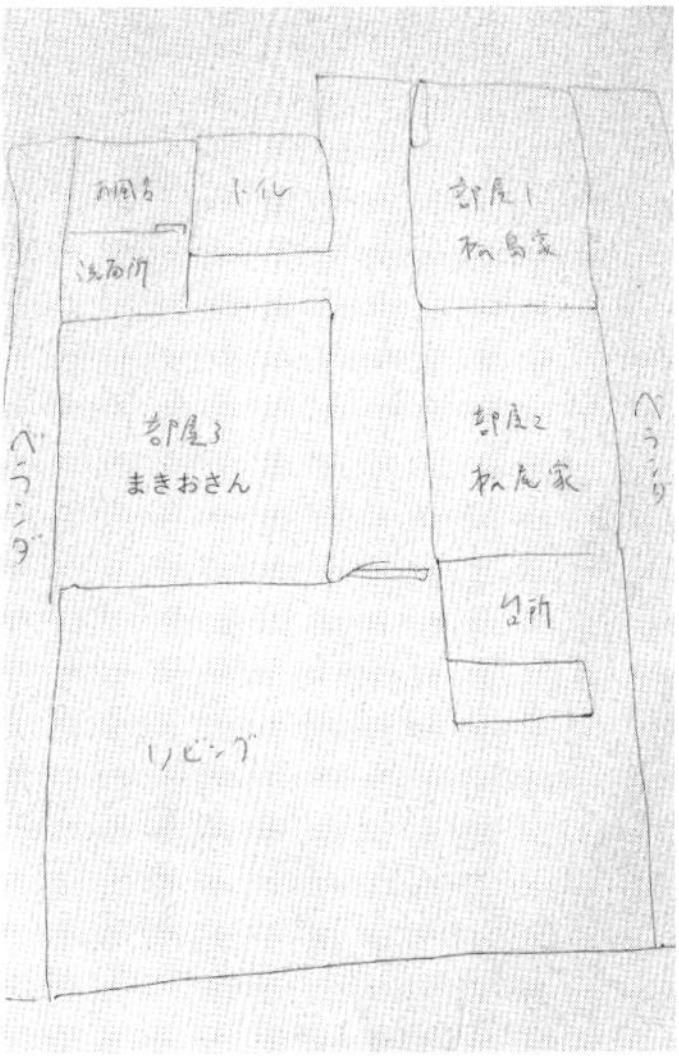

力さんに書いてもらったシェアハウスの間取り。３ＬＤＫのゆったりとした空間。ちなみに住み始めた当初は「部屋３」には住人はいなかったが、ここは次章で紹介。

するところがなかなかなかったし、さらにちょうどその時期、当時松島家が住んでいた家の契約更新が迫っていて、「もうここじゃない？」って空気に。でも、実際に育休をとって家に一番長くいるのは私だろうって思っていたから、「どうしてもここは……」と。

それで夜、スカイプで会議をしたときに「私はやっぱりここはイヤ！」って話をして、みんなを困らせたり。そんな意見を言ってしまって落ち込んだりもしたけど、なんとか気をとりなおして自分で探し始めたんですよ。そのときに、いま住んでいるこの家が気になって、内見に一人で来て、その週末に力にも見てもらって。松島夫妻は都合がつかなかったんだけど、「もう二人がいいならそれでいいよ」って最後は任せてくれて、なんとか決まったって感じでした。

こんなつもりじゃなかった!?　生活感覚のズレ

真奈　ここでの生活が始まったのが二〇一六年九月で、その半年後の二〇一七年三月に玄が誕生しました。里帰り出産をしたんですが、当初は一ヶ月くらいのつもりが、玄が入院しちゃって、結局実家からここに帰ってきたのがゴールデンウィーク明けくらい。

アサダ　しかしあらゆることが初めてじゃないですか？　子育てが初めて、このシェアメンバーで一緒に生活することも初めて、相手夫婦も子どもがいる環境が初めて。慣れるの大変だったでしょう……？

力　僕はあまりいろんなことが気にならない方だから、まぁなんとか……。

真奈　なんか私が細かいこと気にする人みたいやんか！（苦笑）

力　事実そうやん（笑）。

アサダ　まぁまぁ……（笑）。だいたい夫婦どちらかはそういうもんだと思いますよ。

力　これはまず子どもがいるいない以前の問題なんですが、僕も最低限の部屋の綺麗さとかは求めますけど、真奈の場合はもっと居心地の良さを追求するというか。それが四人になると全員違うわけじゃないですか。最初はそのレベルを合わせるところから始まったので、それなりに大変でしたね。

例えば宏佑さんはもともと「まれびとハウス」に住んでいた人で、あそこって開きっぱなしじゃないですか（笑）。ああいう感じで、いつ誰が来てもオールオッケー、そのカオスな感じから面白いコミュニケーションが生まれるのが理想という感じなのかな。一方で僕ら二人もそれはそれで面白いとは思うけど、普通に生活としての居心地の良さも求めたい。そのギャップがあったから結構最初は激突して、宏佑さんが一切リビングに顔を見せなくなったり（笑）。

真奈　さっき言ったみたいに出会いがとにかく電撃的だったから、実はお互いのことあんま知らなかったっていう……（笑）。

アサダ　お見合いみたいなもんか（笑）。

真奈　でも、実際に生活するってなると、全然違う側面で相手のいろんなところが見えてくるから。私はわりと内と外で顔が変わらないっていうか。家でも仕事でもどこでも元気なキャラだと自覚しているんですけど、宏佑さんはわりと外ではシャキッと家ではだらっとしたいというタイプで。

例えば、家事や料理を他のみんながしていたら手伝わないといけないとか、そういうのはイヤって言ってはりますしね。私たち夫婦は食べるなら一緒に作ったり、一緒に食べたり、一緒に片付けたりするけど、向こうはさおりちゃんが料理して、宏佑さんが後片付けしつつ、その間は一切別々の行動で、奥さんが料理していても旦那さんは寝ているという状況。そこに違和感があったので、「なんで手伝わないのか？」ってことが論点になって家族会議を開いたり（笑）。単純に価値観としてわからなかったんですよ。「なんで寝てるんやろ……？ありなんやこれ」みたいな。

力　しかもさおりちゃんはちゃんと料理をする人で、おそらく、できたら夫婦一緒に料理も食べたりしたい方で、二人暮らしのときはそれが叶わなかったし、ホームパーティーみたいなこともできないしで、ずっと諦めていたらしいんです。でも、この家に来て僕らがそういうことをやってるってのもあるから、ここならできるかもと。それで、さおりちゃんが僕ら二人と一緒にやりだすと、構図としてはどうしても宏佑さんだけがひとりぽつんと「手伝わない人」になってしまうんですよね。

真奈　そうなると、さおりちゃんが、夫婦のみの前の暮らしでは「当たり前」と思っていたこともこの夫婦間シェア生活のなかで「もしかして当たり前じゃないかも……？」って思い始めて、そのことを宏佑さんに伝えたら、二人の関係がちょっとギクシャクしたりとか……(苦笑)。

力　「パンドラの箱、開けてもうた！」って感じ。

真奈　こういうやりとりをしていたのは、子どもが生まれる前の話、最初の半年間の生活でのことなんですが、でも一方で宏佑さんは「出産」について興味がある人で。子どもを産む前の女性の気持ちとか不安ってことに関心をもっているので、だからこそ私たちに子どもができても一緒に暮らそうって言ってくれたんだと思う。だから私が不安なときに「最近どんな気持ちなの？」とか優しく聞いてくれたりしたのは、とても嬉しかったですね。

力　それでいよいよ真奈が里帰りしている間にさらに状況が変わって。出産したのが二〇一七年三月の初めなんですが、その一ヶ月後の四月からもう一世帯、別の家族が住み始めたんですよ。そこが夫婦＋子どもで、お子さんは当時1歳くらい。

アサダ　え!?　一時期、「三世帯子ども二人」という状況があったってこと？

真奈　そうなんです。私が出産して実家からこの家に帰ってきたら、子どもも含めた一世帯が増えていたってこと。それも私が軽いノリで「一緒に住もう」って誘っちゃって（笑）。

私、ここに住み始めた当時は仕事がとにかく楽しかったときで、出産に対して後ろ向きになっていたんですね。なんか素直に全力で喜べないっていうか。その家族のママはことみさん（仮名）っていうんですが、彼女がFacebookで「私も仕事したかったから悩んでいたけど、でも子ども産んでよかった」って内容の投稿をしていて、私はその投稿にとにかく励まされて、出産前に彼女に会いに行ったんです。

もともとは共通の知人の結婚式で会ったことがあるくらいだったんですけどね。彼女はママの孤独を支えたり、ママのやりたいことを応援するためのNPOを立ち上げている人で。ママが子連れでも仕事ができるシェアオフィスをやりたいというそのビジョンにもすごく共感したから、彼女に「じゃあ一緒に住みませんか？」って。もともと松島夫妻ともつながっていたから、「ことみさんの家族をシェアメンバーにどうだろう？」って提案したのが始まりでした。

ちょうど旦那さんが近々シンガポールに転勤になることがわかっていたから、それまでの三ヶ月期間限定で。だから二〇一七年四月に住み始めて、五月に私が実家から玄を連れて戻ってきたあと、七月まで彼女たちは住んでましたね。

だからいきなり「子どもが二人いる状態」でしょ。私自身が初めての子育てなのに、それはもうカオスで（笑）。だからといって、みんななかなか協力し合えないっていうか。特に子どものことになると、「どう手伝っていいかわからない」ってなっちゃうんですよね。それで結局、家に一番いる母親に負担がかかるので、これを乗り越えるためにみんな集めて家族会議をして。そんな慣れない生活でイライラするときもあったけど、でも、ことみさんとお子さん、私と玄の四人で一緒に公園に行ったりご飯を食べたりすることで、精神的に助かったところも多かったです。

アサダ　いままでのお話を聞いていると、理想を言えば子育てがからむシェアハウスって、どこかで「お互いに子どもの面倒を見る」という機能も想定して生活していると思うわけだけど、そもそも子ども以前のところでの世帯・家族間の価値観の違いもあるし、さらに自分のパートナー以外の価値観にも触れてしまうなかで、ひとりひとりの個人の価値観の違いまでが露呈してしまうと。そうなると、「子育てに協力しよう！」という前の、そもそもの良好な関係性に至るのも大変だったりするわけですよね。

真奈　そうなんです！　でも私が思うに、おそらく根底の価値観は「一緒に住みたい」と思っている時点でやっぱり近いのかなって。目指しているところは似ていて、そこに齟齬《そご》は感じないけど、問題は、「夫婦でどれくらい家庭にコミットするか」ってところがまずあるんですね。

例えば私たち夫婦は何でもイーブンにやっているんですよ。「男やから仕事しかせえへんとか許さへんで！」って感じで（笑）。でも、ことみさん夫妻も松島夫妻も、家事と育児は奥さんがメインでやっている。そうなると結局、奥さんがひとりでできない部分を私たち夫婦がフォローするって関係になってきてしまって。それが「このシェアハウスの家事・育児像のスタンダード」みたいになってしまうのはどうかなって。

でも、もちろんそれもひとつの価値観ではあるし、また旦那さんは二人ともめっちゃいい人で、ただポリシーとして「したいことしかしたくない。より良く生きるために」って感じなんですよ。それはそれでわかるけど……。

アサダ　やりたくないことはやらないという人がいて、でも生活のうえでは誰かがやらないといけないってときに、普段からそれをやろうとしている人に、世帯・家族間を超えて干渉し合ってくるってことですよね。

真奈　そうそう！　まさにそうです。

アサダ　お互いの家族の価値観にも口出すのって難しいですよね。イーブンに家事・育児をしようが、どっちかが多めに働いて、もう片方が家のことを多めにやろうが、そういうことがその夫婦の間で同意が取れているとしても……ってことか。

力　さらに厄介なのが、その「同意が取れている」と思っていたものが、他の家族のあり方を見ることで、ちょっとこっちの価値観が揺らぐんですよね（笑）。「あっ！　なんや、ここは相手に甘えてやってもらってもいいんや」みたいなね。そうやって互いの家族像を相対化するなかで、改めてシェアメンバーで会議を開くわけなんです。

家族や夫婦というユニットをいったん超えたところで、それぞれ「ひとりひとりの個人」として、ここでどういった理想の生活を求めているのかについて意見をさらけだそうと。こ とみさん家族がシェアから抜けたのちに、そういう本格的なワークショップを今年（二〇一八年）の一月から二月にかけて全部で四回開きました。（後編へ続く）

＊1　住居をはじめとしたプライベートな空間の一部を、住人の好きなこと（趣味、特技、表現）をきっかけに他人に無理なく開放すること。僕が二〇〇九年に提唱したコンセプトで、二〇一二年に『住み開き　家から始めるコミュニティ』（筑摩書房）にまとめた。http://ours-magazine.jp/borrowers/asadawataru-1/ などを参照。

＊2　東京都北区田端にあるシェアハウス。そこの立ち上げ人のひとりである内田洋平氏と僕が友人であることが、松尾家との出会いにもつながったし、かつては前注の『住み開き』本でも取材をさせてもらっている。http://onomiyuki.com/?p=288 などを参照。

第10章

「シェア子育て」の理想と現実をくぐり抜けたら何が見える!? 松尾力・真奈夫妻インタビュー（後編）

七月（二〇一八年）に入って保育園に通いだした次女ナル。入園後まもなくして突発的な高熱、そしてRSウィルス感染症と、座薬が手放せない辛い試練の日々が続く……。とにかく咳《せ》き込んで、飲んだミルクも食べた離乳食も滝のように吐く！（妻曰く、「マーライオンのようだ」と）。別に胃腸が悪いわけではなく、赤ちゃんって身体が小さい分、消化器官も短いっていうか、それで、ちょっと咳き込むとすぐ上にあがってきて「ゲロッ」となるんだろうね。

かたや、長女ミコは以前からくしゃみの後の鼻水爆発率がすごくて、医者からは「とにかく鼻を自分でかめるようにならないと、これは根本的には良くならない」と言われ、何度かお風呂で「ふんっ！　ふーんっ！」って練習したんですが、そのたびに「えーん！　できな――い!!」とブチギレられて、親の忍耐力が試されるというか。

そんな調子だから、ナルが「コホッコホッ」っと咳き込んで、ミコが「ファーッ……」っとくしゃみをしそうになると、妻と僕はそりゃもうものすごい勢いでタオルやティッシュをパスし合ってはゲロと鼻水をスライディングキャッチするという、往年の映画のワイヤーアクションシーン（しかもスローモーション）さながらの日々を送っているわけだが。

さて、そんなてんやわんやの日々のなか、お送りしているのが「〝シェア子育て〟の理想と現実をくぐり抜けたら何が見える!?」というテーマで実施した、東京都文京区で子どものいるシェアハウスで生活する松尾力・真奈夫妻へのインタビュー。

松尾夫妻は、荻窪に住んでいた当時から「おうちバル」という、家を友人・知人に開く活動をされていたとのこと。もともと海外留学での寮生活経験もあるお二人はシェアハウスでの生活に憧れ、パートナーを探していたところ、松島宏佑・さおり夫妻と電撃的な出会いを果たし、夫婦二世帯のシェアハウスを探すことに。その間に、真奈さんの妊娠が発覚し、急遽、「子育てシェアハウス」というコンセプトが浮上する。

なんとか苦労して文京区に3ＬＤＫの物件を見つけたはいいが、しかし実際に住み始めれば、子育て以前に家族間の生活観の違いに戸惑うことに。またその家族ユニット内でも、相手家族の価値観を目の当たりにするなかで、「私とあなたでもそもそも違うよね」という、ある意味では当たり前の事実を再認識することになり……。

そして、短期滞在者（新規シェアメンバー）も巻き込み、また松尾家に玄くんが誕生して以降は、より一層「子育てシェア」とはほど遠い現実に直面しながらも、「住人それぞれにとっての真の理想の生活って何？」というお題に向き合うワークショップ形式の「家族会議」を開くことになった、という流れ。

ということで、後編では、その「家族会議」から導き出された結論を紹介しつつ、さらに新メンバーの加入をはじめ、家をさまざまな人々に開き続けるそのこだわり、またこれから訪れる大きな変化について語っていただいた。

ガチな「家族会議」で、課題をほぐす！

真奈　これ（一二九頁参照）が今年の一月から二月にかけて、全部で四回開いた「家族会議」の際の痕跡です。玄がいくつか剝がしちゃって完全ではないけど（笑）。

アサダ　ひゃー。なんだかめちゃくちゃガチなワークショップじゃないですか（笑）。付箋、貼りまくってるし……。

カ　宏佑さんが企業研修のファシリテーターとかビジョン策定のコンサルタントをやっている人なので、まずは「お互いが求めている理想」をテーマに、かなりハードにやりましたね。宏佑さんにしてみたら「家はそういうの（仕事の考え）をもち込む場所ではない」って考えていたと思うし、家では単純にくつろぎたいって言っていたし。だから逆にそのワークショップは、ある意味完全に「仕事モード」でやってもらって（笑）。

とはいっても僕らもみんな仕事をしているから、なかなか時間が合わない。だから、年明け一〜二月、土曜の朝六時から八時まで二時間集中的にやったり、平日の夜一一時からやったり。

付箋に、とにかく理想の暮らしや風景を書いて貼っていくんです。そのなかでひとつ解決したのは、僕ら松尾家は「家を綺麗にしたい！」っていうのが最初からあって。それで、松島家はどちらかといえば「そこに時間をかけるくらいなら、自分のやりたいことをしたい！」という意見で。

じゃあそれならそこはアウトソーシングで割り切って、家事代行会社にやってもらおうと。その費用は両家で負担することにして、月いくらくらいまでならいけるだろうとか決めてね。でも実際に家事代行会社にやってもらったら、逆に僕らの方も「そんなに風呂をピカピカにしてもらってもなぁ……」みたいなこともあって（笑）。そこでわかったのは、僕ら夫婦は

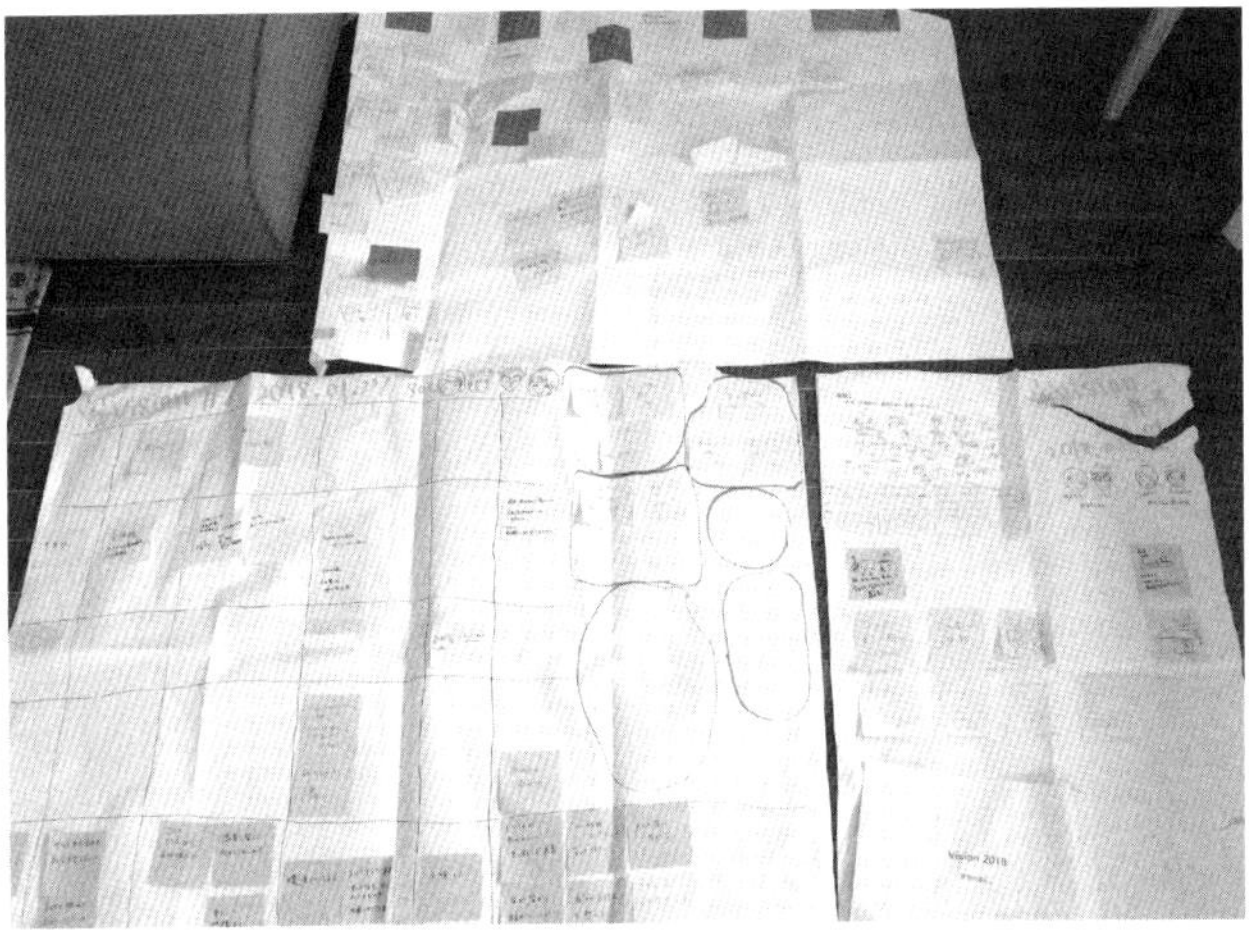

ガチな「家族会議」の痕跡。生活上の課題や理想などを付箋に書き出していく。

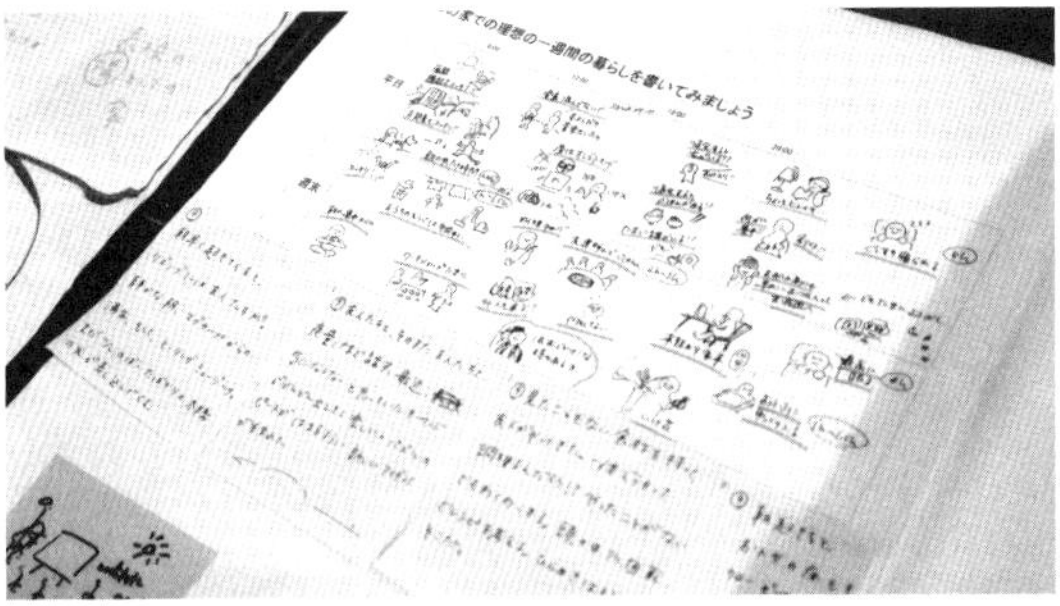

「理想の一週間の暮らし」など、明確な課題を設定。

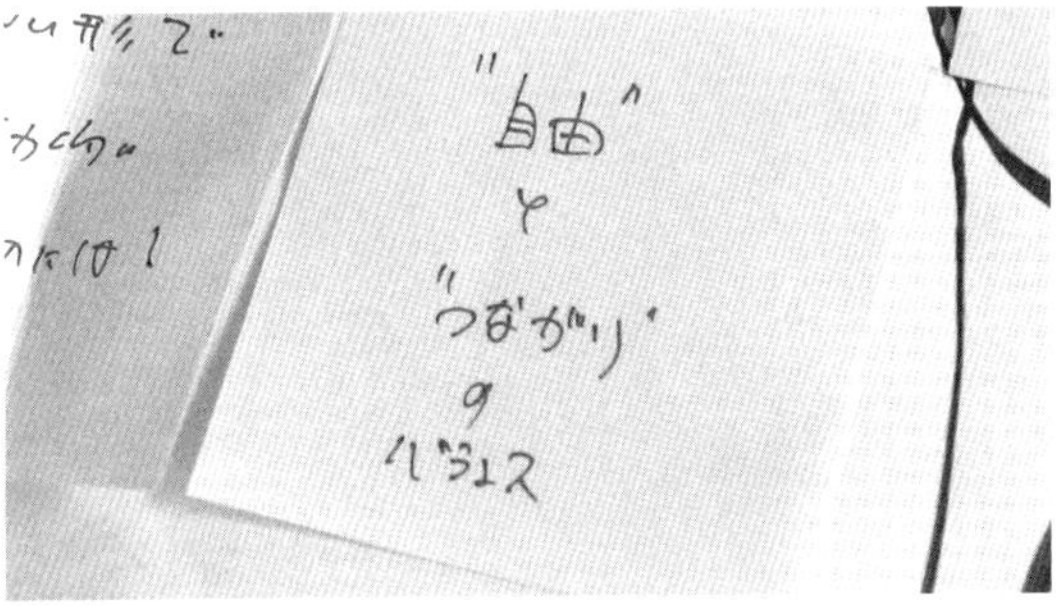

付箋のひとつにあった、印象的な一言。

「掃除をしたい！」っていうよりは、「僕らの好きな感覚で整理整頓をしたい！」ってことなんです。

アサダ　掃除っていうよりは、片付けをしたいってこと？

カ　そう。それでまたそこから新しい結論を導き出しました。いまは週一回、ベビーシッターに四時間来てもらっているんです。それで玄を外に連れ出してもらって、その間に僕ら夫婦が家を片付ける。四時間のうち三時間をそれに当てて、残り一時間は僕ら夫婦の自由な時間として当てさせてもらうと。僕らも子どもがいるとなかなか二人きりになれることがないので。

真奈　一時間を自由に使わせてもらうっていうのは、ちょっとニュアンスが違うかも。考え方として三時間分は両家で費用を折半しているけど、一時間分はうちら夫婦で負担しているってことやから。

カ　そうやね。そうすることで全員、「いいね！」って感じになっていった。結局ベースになる想いは同じだったとしても、実際に一緒に住んでみると細かいところがやっぱり気になるし、その具体的なひとつひとつのエピソードがけんかのもとになる。それをちゃんと解決した方がいいなと。

アサダ　そうやって生活の仕組みができていってるんやなぁ。いやはや、参考になります！

真奈　私は今月（取材当時の二〇一八年五月）、ようやく育休から復帰したんですけど、それまではなんかとにかくストレスが溜まっていて「もうこのシェアハウスやめたい！」って愚痴をこぼしていたんですよ（笑）。問題の焦点が家事のことで、いろいろやってほしいことを、いちいち言葉にして言わないといけないのもほんとストレスで。それだったらシェアを解消して、うちら家族で好きな暮らしをした方がいいなって思ったこともありました。

　でも、四人で会議を重ねてお互いの想いをあぶり出していくと見えてくることもたくさんあって。例えば一口に「居心地が良い」っていっても、シーンによってその中身は違ったりするので、そういうのをわざわざ言葉にしながら共有していくっていうか。

「子育てシェアハウス」か？「子どもがいるシェアハウス」か？

力　「シェア子育て」に対して、世間ではいろんなイメージがあると思うけど、実際問題どこまで助け合えるのかって思うところはかなりあって。聞こえはいいじゃないですか？

アサダ　はい。確かに聞こえはいいし、理想的だし、そういうのしたいなってモヤモヤと考えてる人は結構多いと思う。子育てしながらバリキャリで共働きする家族の、ある種のソリューションとして。僕もやっぱり去年初めてこの家にうかがったときに、「うわー、ここの家族生活ってどうなってるんやろう……!?」ってめっちゃ興味もちましたもん（笑）。

力　でもね、じゃあオムツを替えてくれるとか、一緒にお風呂に入ってくれるか、遊んでくれるかといったら、向こうもまずどうしたらいいかわからないっていうのが正直なところなんですよね。逆の立場だったら僕らもそうなった可能性がありますし。

アサダ　それはそうでしょうね……。シェアする家族同士、お互いに子どもがいたら要領がわかると思うけど、いざ「手伝う」ってなれば、子どもがいる方の家族が相手の家族に「教える」わけじゃないですか？　その関係ってなんかやっぱり「手伝ってもらう側に主導権がある」って空気が出やすいのではないかと。「子どもに関してはこっちの方がわかってるから」っていうのが関係性として悪く影響する可能性もある。

力　そういう意味ではようやく玄も1歳を超えて、だいぶ身体ができてきたというか。0歳のときってこっちも慣れてないし、子どもがいない人からしてみたらなおさら「下手なことして怪我でもさせたらどうしよう……!?」ってなりますよね。

でも最近はね、例えば日曜の朝でも子どもは関係なく、めっちゃ早起きして動きまくっているんですが（笑）、僕らが疲れていてもうちょっと寝ていたいときなんかは、新メンバーのまきおさんが一緒に遊んでくれていたりとか。少しずつそういうことができてきたかな。

真奈　そもそも「子育てをシェアしたい！」ってところがあったのに、「全然できてないやん！　なんやねん！」ってツッコミたい気分が満載だったわけですよ（笑）。玄が生まれる前は「授乳以外はシェアできるよね」って気楽に思ってたんだけど、でも実際は全然できなくって。

そこもワークショップをした際に意見を聞いたんですね。そしたら宏佑さんは「実は自分もやりたいことがあるから、正直言えば育児とかはできないし、しようとも思っていない」と。そこまではっきり言ってくれたから、「なんや、そうなんや！」って逆にスッキリして。

力　そこからはこっちも「過剰に求めない」というスタンスが固まったんよね。最初にこのシェアハウスをするときのコンセプトとして「シェア子育てとかできたらいいよね」って話は確かに四人でしたんです。でもそれゆえに、そのコンセプトに僕ら全員が囚われすぎていたんですよ。だからこそ「で、いつになったら子育て手伝ってくれんの？」って気持ちになってしまった。

向こうも向こうで子育てに協力したいとは言ったものの、やっぱり忙しいし自分のやりたいこともあるし、実際目の前に子どもが登場したことで「何をしてあげたらいいかわからない」と戸惑うこともあったと思うし。

アサダ　そういった「何もできない！」ことに対して、松島夫妻は罪悪感をもっている感じだったんですか？

力　さおりちゃんは言ってたかな。彼女が「どこまでやったらいいかわからない」って発言をしたときに、宏佑さんが「いや、僕はやる気はないよ」って言って、さおりちゃんが「えー!?」みたいになってたんで(笑)。

そこで一家族間でも差があるってことがわかって。そういう意味では、ワークショップも当初は、お互いの家族のなかでまず「うちの家族の意見」としてまとめてきたものを、「家族対家族」として言い合うってイメージだったけど、最近は家族というよりは一個人が自由に意見を言って、家族の間でも「えっ？　そんなこと思ってたん？」みたいな意見を言い合える場にしてますね。

アサダ　「子育てシェアハウス」と「子どもがいるシェアハウス」の違いってことですよね。この二つはずいぶん違いますからね。「シェア」って言葉がどこにかかるかによって。

真奈　そうなんです！　だからここの家は、ひとまずは「子どもがいながら、お互いのやりたいことを追求するシェアハウス」ってことでいいのではないかと思いました。そこが定まって気持ちも楽になりましたね。

アサダ　そこまで気持ちがスッキリまとまるまでに、対話を積み重ねたんですね……。

力　はい。住み始めて一年半かかりました。

「開く」ことを担保する

真奈　こうしてここでの生活が落ち着いてきた今年（二〇一八年）の三月、もう一人（短期滞在の）住人が増えたんです。私たちより少し若い単身の男性・まきおさん。家事はできるし、子どもともすごく遊んでくれる人で。

彼との出会いは、私がライターの勉強をし始めて、千葉県でやっていた「Local Write」という書くことを学び合う合宿に行ったときです。そのとき、子どもがいるとひとりで合宿に参加するのは厳しいから、力にも一緒に来てもらって。まきおさんはその講座の一期生でサポート役として来ていたんですね。そこで空いている時間、一緒に子どもと遊んでくれたりして、私たち家族と仲良くなってきて。その講座の新年会を今年の初めにこの家でやったんですよ。そのときにまきおさんが「今年の目標は、シェアハウスに住むこと」って言ったから、「じゃあここに住んだら?」って。

力　僕らや松島家のように夫婦ではなく単身だから身軽で、何を決めるのも早い。しかも家事もできるからこのシェアハウスの安定感が増したというか、バランスが整ったって感じですね。

「ソーシャル×ビジネス」と題して行ったおうちバルの一幕。

真奈さんが企画する
「霞ヶ関ばたけ」という勉強会の様子。

世界一周中のフランス人家族が
カウチサーフィンで遊びに
来たときの写真。一緒に餃子を
作っている様子。

真奈　ここにはこれまでもたまに短期滞在者はいたんですよ。やっぱり人がひとり増えるだけで家の雰囲気ってガラッと変わりますよね。それこそフリーランスの友人が「家の暖房が壊れたから二週間泊まらせて」とかそういう感じのこともありました。
　いま私たちが喋っているところがリビングで、ここと続きになっている八畳の和室がまきおさんの部屋なんですが、前まではほんとに数日だけ泊まる短期滞在者用のお部屋だったんです。例えばカウチサーフィン【＊1】をして海外からお客さんが泊まりに来たりもしてました。それで、いまも誰かが泊まりたいってときは、まきおさんの部屋の真ん中にカーテンをひいて、まきおさんとシェアしていただくという（笑）。

アサダ　マジか（笑）。しかも結構簡易な仕切りですね。これはかなりプライベートを気にしない人じゃないと厳しいと思うけど、まきおさん的には……？

力　この部屋に泊まるお客さんは一日一五〇〇円という形でまきおさんに料金を払うんです。これがちょっとでも彼にとってインセンティブになるようなルールにしていて。彼が何でも柔軟に対応できる人だったから良かったですね。「なんならベランダでテント張ってもいい」って言ってるくらいなんで（笑）。

真奈　まきおさんが入るのは大歓迎だったんだけど、人の出入りがなくなってほしくないっていうのもあって。私たちとしては住人だけでなく、できる限りいろんな人が少しでも滞在できるような余地は残したいんです。そういう「場を開く」って意味では、最近はリビングでイベントもやっています。友人のライターによるライティング講座を月一でやったり、私が主宰している「霞ヶ関ばたけ」という、食や農業をテーマにした若手中心の勉強会をやったり。

アサダ　そうやって縁のある人にここを貸し出すときって、金銭のやりとりはあるんですか？

力　一応あるんですよ。プライベートなパーティーとかならいいんですけど、この場で外部の人からお金を取るような講座とかイベントをするなら、半日とか全日とかで値段は決めています。特にどこかのウェブ上で公開しているわけでもないし、あくまで縁のある人と相談のうえでやっているという感じです。

真奈　あと、やっぱり、育休中とか外に子どもを連れていっても落ち着けるところがないので、ここならゆっくり話せるし、よくママ友を呼んでいました。一回家に来てもらえたら他のママも「じゃあ今度はうちに来る？」って感じでお互い家に招くハードルが下がりますし。

アサダ　ママ友は、こういうシェア暮らしに関してはどんな感想を言ってました？

真奈　初めて来られた人はやっぱり衝撃を受けるみたいです。でも「どんな感じか見に行きたい」って言ってくれるママ友もいるし。感想としては、まずやっぱり「広いね」と。「これなら子どもが動きだしたときすごくいいね」とか。あとはたまに私の「シェアイライラ」を聞いてもらったりして(笑)、そうすると「私もそういうことがありそうだから、なかなかシェアとかできないわぁ……」ってリアルな意見をくれたり。

「私たち」のこれから

アサダ そんなこんなで現時点で一年半以上、ここでシェア生活を送られてきたということですが、最後に改めて、最近の変化やこれからのことについてお聞きします。

真奈 私がこの五月に育休から復帰し、玄は保育園に通うようになりました。認可の保育園がどこも入れなくって、結局、職場が運営する保育園に預けています。

力 いまは僕が保育園に送りに行っています。迎えも週一、二回は行って。

真奈 今はだいぶいい感じになりましたね。これからの変化で言うと、なんと、さおりちゃんが妊娠しまして、一二月に松島家にお子さんが誕生します！ さぁここからどう変わっていくのか。しかも、今年の九月でここが更新の時期を迎えるんです。一応、このシェアハウスも「まずは二年で」って考えていたから、これからどうしようかなってことを近々話し合う予定です。

アサダ　松島家にもお子さんが！　それはすごいターニングポイントですね。あと半年ちょっとか。

力　僕はできたらこのまま住みたい。街も好きになってきたし、何より玄がこうしていろんな人に囲まれる環境はすごくいいと思っていて。この子は生まれたときからこの家で、国も世代も超えていろんなタイプの人が出入りするのが当たり前。だから人見知りすることがこれまでなかったんですよ。誰に対しても果敢に近寄っていきますし（笑）。

真奈　私も、玄がもう少し大きくなって会話ができるようになったときに、親だけじゃない他の大人や子どもとコミュニケーションするのはいいことだって思ってます。自分の視野だけではやっぱり狭いなって思うし。これからもここでの生活でストレスを感じることもあるかもしれない。でも、それでも玄と生まれてくるお子さんがいい関係になれたら、やっぱりそれはすごく嬉しい。

力　そう。弟か妹かって感じやね。子どもたちがどうなるか楽しみです。「家族」を超えたコミュニケーションのなかで育っていることがどう影響するのか。まさに「シェア子育て」という意味ではいよいよ次のフェーズへ突入となるか。

アサダ　改めて、どうもありがとうございました！

松尾力・真奈夫妻のインタビュー、いかがだっただろうか?

もともと子どもが生まれることがわかっていてシェアハウスを始めたわけじゃなかったお二人。だから「困っているからシェアしよう」、「じいじ、ばあばも近くにいないし、だからこそ誰かとシェアしよう」という課題解決思考ではない。それよりも「っていうか、シェアって楽しくない!?」と言っていたら子どもができてしまってスタートしたわけなので、ある意味、「困難をどこまでも楽しみに変えようとする創意工夫」に僕は心を動かされた。

その創意工夫のひとつが、住人だけでない友人・知人や海外の方にまで家を開き、多様なコミュニケーションを巻き起こしていくこと。これだけでもとても労力のいることだけど、それはきっとこの場で日々を過ごす玄くんをはじめとした、お子さんたちの未来に何かしらの力を与えていくのではないか。

僕はもちろん「シェア子育て」に興味はあるけど、お二人に話をうかがえばうかがうほど、どちらかといえば「〝家族〟というイメージ(の幅)がリアルタイムに書き換えられていく(拡張していく)」その「運動体」として、松尾・松島家のシェアハウス生活に面白さを感じた。「家族=世帯」という前提から、その世帯のなかでも個々人の考え方がかなり違うという、よくよく考えればごく当たり前のことに改めて気づかされていくそのプロセスでは、お互いの問題設定や関係性の境界が溶け合っていくと言えばいいだろうか。そしてそのプロセスでは、きっと「〝子育て〟に対するイメージ」もまた、時間はかかるかもしれないけど更新されていくのだろう。

こういったシェアの実践は歴史を辿ればものすごく珍しいわけではなく、かつてはフェミニズム運動などと連動して、子どもも含めさまざまな共同生活・保育の実践が展開されてきた。もちろんそういった先人たちの身を切るような社会実験はリスペクトするが、僕はとにかくより身近な事例として、かつ「成功例」として（いい意味で）語ることのできない、実践の渦中でガチガチに悩みながらやっているお二人の姿をこそ、この本で紹介したいと思ったのだ。

僕は二〇一七年まで滋賀県大津市の長屋を借りて、妻と長女と猫と暮らしていたんだけど、ちょくちょく家を住み開いて、遠くに住む友人からご近所の方、またその方々の友人まで含めてワイワイと自分たちの家族のいまを、いろんな方とシェアできていたのがやっぱりとても楽しかった。

でも……、いまは東京に越してきて、また次女も生まれて、生活に慣れるのに必死で、（完全に言い訳だが）やたら仕事も忙しくて、妻に迷惑ばっかりかけて、生活を豊かに変えていこうという心の余裕も削がれていっている状態だが、こうして書くことを通じて、なんとか松尾夫妻のように「困難をどこまでも楽しみに変えようとする創意工夫」を忘れずに、これからも僕たちなりの「家族」として生きていきたいと思う。

*1 旅先で宿泊先を探している人と、宿泊場所を無料で提供してもよいと思っている現地の人とを結びつける、コミュニティサービスのこと。詳しくはhttps://www.couchsurfing.com/

第11章

「実家で親と同居」の幸せについてイチイチ考え、「地元で公私混同子育て」の可能性をネチネチ探る

漆崇博一家インタビュー（前編）

【登場する人】
◆漆崇博さん（一般社団法人AISプランニング代表）
◆漆ななえさん（崇博さんの妻）
◆漆公彦さん（住宅設計会社「株式会社テクノブレイン」経営）

秋になった。そう、芸術の秋！　僕のような文化系の仕事に就く者は、九〜一一月がかきいれどきで、一年で最も忙しく、イベント出演と長期出張が重なるシーズン。逆に言えば、もっとも家族に迷惑をかける季節でもある。

我が家の冷蔵庫に貼られた「お父ちゃん出張カレンダー」とにらめっこしながら、妻に「明日は（保育園の）送りは行けるけど、晩

はイベントやから迎えは……」とか「来週の土曜は朝から飛行機乗らなあかんから、レッスン（最近、長女ミコは音楽教室に通いだした）の付き添い任せていい……？」とか、お願いごとを重ねては、ときに新潟の（妻の）実家の助けを借りたり、ときに友人ママに娘を一日預かってもらったりしながら、なんとかやっている。

留守がちな分、休めるときにはここぞとばかりに家族旅行に行ったり、ミコ念願のジブリ美術館に行ったり、これでもいろいろ配慮をしてだな……（押しつけがましく湿っぽい言い訳が続くので早送り）。

そんな二〇一八年九月頭、北海道石狩市に行く機会があった。目的は、石狩市内のある小学校で実施される「アート体感教室」【＊1】というプログラムの講師として一週間滞在し、子どもたちとワークショップをすること。

これまでも札幌市や斜里町《しゃりちょう》などで同様の仕事をしたことがあるのだが、そのコーディネーターを務めているのが、今回紹介する漆崇博《うるしたかひろ》さんだ。現在四一歳の崇博さんは僕と同世代のナイスガイ。彼は一般社団法人ＡＩＳプランニングという団体の代表を務め（ちなみに「ＡＩＳ」は「アーティスト・イン・スクール」の略）、さまざまなジャンルのアーティストを小学校に派遣し、子どもたちが先生でも親でもない「出会ったことのないタイプの大人」との不思議な交流を通じて、普段の学校生活だけでは学べない、新しい価値観を実感する機会を作っている。

学生時代は漫画家のアシスタントや絵画の創作など、自身もクリエイターとして活動をしていた崇博さんだが、いつしか関心は「アートを通じたコミュニティ作り」にシフト。現在は小学校でのプロジェクト以外にも、商店街と関わってイベントを企画し、札幌市主催の国際芸術祭や文化施設のマネジメントも手がける、道内屈指のアートコーディネイターとして活躍している。

この人と「家族」の話をしてみたい

年明け、崇博さんから電話をいただいた。「アサダさん、今年の秋もアート体感教室、よろしくお願いします！」との内容。「アート体感教室」は、道内の教育委員会に「こんな講師が来てくれますけど、うちに呼びたいって学校さんいませんか？」という情報を投げかけ、手が挙がった小学校にアーティストが派遣されるという仕組みになっている。

去年は斜里町からお声がかかったのだが、今年はどこだろうと「ダーツの旅」気分でドキドキしていたところ、返ってきたのは「石狩の小学校」という返事。「あれ？　石狩って確か、あなたの地元じゃね!?」。そう、崇博さんは石狩市内で生まれ、いまも自身が育った実家に、奥さん、小学生と幼稚園の娘さん二人とご両親とともに住んでいる。
僕が「まさか……」と思い聞いてみると、「そうなんです。僕の母校で、かつ長女がいま通っている小学校でやってくれませんか……?」と。おお、さらっと言うてますけど、思いっきりホームに自分の仕事ぶっ込んでますやん。僕はその清々《すがすが》しい公私混同っぷりに思わず心動かされ、「それは面白くなりそうですね。やりましょう!」と答えたのだった。

2017年8月に斜里町立知床ウトロ学校で行った「アート体感教室」。奥右側がアサダ、左側で腕を組んで見守っているのが漆崇博さん。

彼とは二〇一三年に出会い、それ以来毎年北海道に訪ねているが、移動中の車内では、いつもアートや教育の話、これからのコミュニティのあり方などを議論する。あるとき彼が、家族についてアレコレ話している流れでこんなことを口にした。「日本のコミュニティが抱えるあらゆる問題の根っこには、核家族化がある」。さらには、彼が積極的に両親との同居を望み、石狩市内の実家に三世代同居しているということも。最初にその話を聞いたとき、僕にはまだ子どもがいなかったので、正直言って「核家族がダメ」っていう話はあまりピンとこなかった。

世代や生活環境が比較的近い、僕の周りの子育て世帯は圧倒的に核家族が多く、近居（両親の近くに住むこと）こそあっても、同居しているという例の方が少ない。実家を離れて都心で働いている状況では、第一に仕事との関係でなかなか地元に戻れないし、さらにはパートナーにとって相方の親との同居は、子育てにおいて助かる部分もあるけれど、関係性がうまくいかないリスクも大いにありうる。

それゆえに、同居はおろか近居も難しい（物理的／関係的に）場合、どういった「家族」の形がありうるかという問題意識もあって、この本では、シェアハウスでの子育て実践者に会いに行ったり、血縁に頼らない多様な「家族（的コミュニティ）」を築き上げようとしている友人・知人たちの活動に関心をもってきたのだ。

だから、最初に崇博さんのこの発言を聞いたときは、「この人、普段はアートとか言っているのに、家族のことになるとえらく保守的なことを言うなぁ」と思ったくらいだった（笑）。

そのことはしばらく忘れていたのだが、今回、「うちの地元の石狩で」と仕事を依頼され、しかも「よければうちに泊まりませんか？」と誘ってもらったときに、再びこの「核家族ダメ発言」（ざくっとしてるけど）をムクムク思い出しまして。そこで、崇博さんの家族生活を垣間見ながら、彼の真意を理解してみたいと思ったのだ。ということで、ここからは、僕が漆家に滞在した数日間のうちに行った、崇博さん、奥さまのななえさん、お父さまの公彦《きみひこ》さんへのインタビューを、前編と後編に分けてお届けしよう。

漆家のメモ

◆北海道石狩市に一九七〇年代にできた新興住宅地の戸建て住宅に住む。

◆家族構成は、崇博さん（四一歳）、ななえさん、ひとえちゃん（小学二年生）、ともえちゃん（幼稚園年少）、お父さまの公彦さん（七二歳）、お母さまの恵子さんの六人家族（二〇一八年九月上旬取材時）。

◆取材から二週間ほどして、三女・みえちゃんが生まれて七人家族に。おめでたい！

◆崇博さんは四人兄弟の三男。三男家族が実家で両親と同居というのはちょっと珍しいかも。

◆公彦さんは五二歳のときに脱サラし、住宅設計会社「株式会社テクノブレイン」を自宅で設立。

◆崇博さんは、AISプランニングの仕事がいまほど軌道に乗っていない時期に、テクノブレインを手伝いながら、事務所をAISプランニングの職場としても活用。社員として通っていたななえさんとお付き合いが始まり同居へと至る。

三世代同居のいきさつと現状

アサダ　今日は改めてよろしくお願いします。まずこの家は崇博さんが生まれ育った実家ってことですが、ななえさんとはいつから同居しているんですか？　結婚されてすぐに？

崇博　もともとななえは学生のときから、僕が札幌でやっていた小学校でのプロジェクトのボランティアをしていて。その後、ＡＩＳプランニングに正式に就職することになったから石狩市内の近所のアパートに引っ越して、そして付き合い始めて一年くらいでこの家で一緒に暮らし始めたって感じ。籍を入れたのは、さらにその一年後だったかな？

　もともと親父（公彦さん）がこの家を事務所にして会社をやっていて、俺もそこで働いていた。いまの会社は札幌にあって、兄貴（次男）が代表を継いでるんですけど、その前はこの家の一部を事務所にしてやっていて、その後はしばらく倉庫になっていたから、そこを僕が親父の仕事を手伝いながらも、個人的な仕事をするために使わせてもらってたんです。そこにななえがスタッフとして入ってきて。

アサダ　わりと自然な流れでここに同居して籍を入れたっておっしゃったけど、「二人で別の家を借りて住もう！」っていう話はなかったの？

崇博　うーん。俺としては住む場所も働く場所ももともとここだったからね。正直、結婚してもここを離れる理由がなかったというか。よっぽど夫婦のプライベートを確保したいとかって気持ちがあれば別だったかもしれないけど、そもそもそういう気持ちもなかったんです。それでも「付き合いました↓結婚します」ってなったときに、最初はななえのアパートでもいいかって話にもなったと思うんだけど……、どうだったっけ？

ななえ　いや、お金がそんなにあるわけではないから、確か「無理しなくていいんじゃない？」ってなったはず。あと、私は実家が函館なんですけど、それなりに大きな家族だったので、「まぁ、そういうもんかな……」って。免疫があったというか。私は高校まで函館の実家にいたんですが、公務員の父と母、それに姉、そして祖父母と曾祖母で一緒に住んでいたんです。まぁここととは違って（もうちょっと生活が分かれている）二世帯住宅だったんですけど。

崇博　二世帯住宅だけど、確か玄関はひとつだったよね？　風呂もトイレもひとつだし。キッチンだけが二つあって、完全に分かれた生活ではないよね。だからななえの函館の実家も、この家とそんなに変わらないんじゃない？

アサダ　確かにこの家もキッチンは二つあるけど、あとは共有ですもんね。一・五世帯的な……。

漆家外観。右側に看板のかかっている部分は、もともと公彦さんの会社の事務所だったところ。その後、何度も用途を変えながら、現在は崇博さん世帯のリビングとなっている。このあたりは後述。

崇博さん世帯の専用リビング。奥にキッチンを作り、メゾネットで寝室も作った。手前で絵本を持っているのは次女のともえちゃん。

家族全員の共用リビングの風景。

崇博　違いがあるとすれば、函館の家は、一階、二階と生活空間が世帯で分かれてはいた。だけど、この家は共有スペースが広くあるって感じ。ほんとは二階を改修したかったんだけど、家の設計上、増改築が難しいということで断念したんですよ。まぁお金もそんなにかけられないってのもあったけど。

アサダ　なんか初めてこの家に来たときに、リフォームの感じがすごく不思議というか気になったんですよ（笑）。ななえさんやお子さんたち専用のリビングっていうのかな？　あそこってもともと何の空間だったんですか？

ななえ　あの空間はお義父《とう》さんの会社であるテクノブレインの事務所だったところなんです。その会社が札幌に移って、空いたところを今度は崇博さんがＡＩＳプランニングの事務所として使って、そこも札幌に移ったら今度はしばらく倉庫になって、それで一時期、叔父さん（公彦さんの弟）が住んでいたことがあって、そしてまた倉庫に戻っていたところを、私たち家族がくつろげる空間としてリフォームして、という複雑な経緯があって（笑）。

ともえ（次女）が生まれたり、恵子さん（お義母さん）が脳梗塞で倒れたりいろいろあって、お義父さんたちも高齢になってきたし、ここでみんな同じ空間でワヤワヤしてるのもちょっとしんどいときもあるなと。私も正直、なかなか気が休まらなくて（笑）。

アサダ　僕、今日で六日間滞在させていただいてますが、ななえさん、きっとそうだろうなぁと、お察しします（笑）。

ななえ　ありがとうございます（笑）。それで、もう少し生活空間を分けたほうがお互いにとっていいんじゃないかということで、二年くらい前にキッチンをもうひとつ作らせてもらって。寝室もメゾネットのような形で作ったんですが、ちょっと乾燥がひどすぎて、結局もともと寝ていた部屋でいまも寝てるんですけど（笑）。

アサダ　そうか。よく親世帯と同居している知人から聞くんですが、やっぱりキッチンがひとつしかないのは、特に嫁さんにとってはキツいって。それでようやくいまの状態に落ち着いたと……。

ななえ　でも部屋を作ってもらったその数ヶ月後に、札幌に住んでいるお義兄《にい》さん一家【*2】が家を建てることになって、その間この部屋に三ヶ月くらい仮住まいしていたんで、結局また元の生活に戻って（笑）。

アサダ　うわぁ……。元の生活に戻ったどころか、大大家族じゃないですか（笑）。子どもたちの数も半端ないし、すごい賑やかそう……。

多様な「家族」を認めること ⇅ 問題の根っこを探ること

アサダ　以前、崇博さんが、核家族が増えたことが、社会のなかでのさまざまな変化――マーケットや教育のあり方など――の問題の根っこにあるのではないかといった発言をされていて。ざっくり言えば、「核家族が日本のあらゆる問題の元凶」的なことを感じているゆえに、親との積極的な同居を選んでいるといった話がずっと心にひっかかっていて。ちょっとこのあたりを話してみたいと思うんです。

崇博　まず現状として、ななえにも、父さん母さんにも俺のわがままを聞いてもらって、この三世代同居生活が実現しているわけだけど、俺にとってポリシーって言うと大袈裟だけど、でもどこかで「これは大切だな」と思ってきましたね。それはいまでは「古い」と言われる考えかもしれない。でも俺は仕事を通じていろんな地域のコミュニティの衰退に触れるなかで、コミュニティの最小単位が家族だとしたら、いわゆる「地域との付き合い」とか、自分たちと違うコミュニティとつながる要素が、核家族になればなるほど稀薄になってくるのは、まず間違いないと実感しました。

誰もが個別に住宅をもって、「プライベートを確保すること＝自分たち家族の生活を守ること」になっていけば、地域の行事とか祭りに参加することも減り、ご近所同士の助け合いとか絆《きずな》は弱くなるわけで。明らかに核家族的なものを選択できるようになったからこそこうなってしまったんだと、結婚する以前から思ってきたんですね。

アサダ　いわゆるアート系、文化系の仕事をしている人って、語弊があるかもしれないけど「リベラル」な発想に立つ人が多いじゃないですか。「コミュニティ」って考え方も、通常の「家族イメージ」に対してもうちょっと幅を広げて捉えてみるといったような。例えば最近のシェアハウスでのメンバーシップで、血はつながってはないけどこれも家族のようなものだとか、非婚カップルで子どもを育てるのもありだとか。

　で、崇博さんがさっきおっしゃったような「コミュニティを作っていくうえでの最小単位が（いわゆる想定しやすい）〝家族〟」と言ったときに、「そもそも最小単位としてなぜ〝家族〟でないといけないのか？」という反論もそれなりにあると思うんだけど、そのあたりはどう思います？

家族全員の共用リビングにて。
左からななえさん、崇博さん、公彦さん。
見てのとおり、お酒を交えながらのインタビュー。

崇博　確かに僕もいろんなアーティストや文化関係者と仕事をしてきたけど、なかには親との関係が良くなかったり、家族関係に課題を抱えている人も結構多くて。語弊《ごへい》があるかもしれないけど、複雑な環境に育ったなかから、「普通」に暮らしてきた人には嗅《か》ぎ分けることのできない（社会に対する）違和感を、作品という形で表明することができる面もあると思うんです。批判精神として社会に新しい価値観を提示する、ってことですよね。

それはそれでもちろんリスペクトしているし、まず俺は大前提として「いろんなコミュニティの形があっていいよね」って思ってはいるんですよ。ひとりで暮らしたっていいし、いわゆる家族だけで暮らしたっていいし、親と暮らしてもいいし、兄弟で同居していてもいいし、友達が家にいたっていいのね。だけど、その数多《あまた》ある選択肢のなかで一番いい状態はなんなのかなって考えたときに、俺はいまのこの三世代で同居するっていう旧来型と言われそうな家族の形をとっているわけで。

いわゆる家族制度的なもの、長男がいて次男がいて、家長が一番偉くて、みたいなものを守りたいって感覚はまったくない。どっちかといえば、リベラルな感覚を培う現場で仕事をしてきて、多様なコミュニティのあり方を見てきたうえで、一周回っていまの状態に辿り着いたっていうのが正直なところなんですよ。

そもそも家族のあり方って、人生遍歴とか他人との関係性のなかで、その人にとって一番恵まれた形になればいいんじゃないかって思っていて。たまたま僕は結婚してくれる人がいて、一緒に暮らしてくれる人がいて、子どもに恵まれて……って言ってしまえばそれだけで。

ただね、そうやって「別に本当は誰と暮らしたっていいし、いろんな家族があっていい」って思っていることと、一方で世の中の状況に目を向けて、さまざまな問題の根っこを追求していったときに「核家族って実は問題の根っこのひとつなのではないか」って思っていること、その両方の感覚が自分のなかに共存している感じなんです。

アサダ この数日一緒に過ごさせてもらって、まぁ今回は地震【＊3】もあったりで、ある意味ではわかりやすく家族の絆、一緒にいることで助け合えるということを実感しました。人が多いことで不安にならずに済むし、お父さんたち上の世代の経験や知恵を学ぶこともできる。

また世代をまたいで住んでいる地域ゆえに、ご近所のネットワークも積み重なっているから、実家で同居という生活におけるコミュニティの厚みみたいなものを、今回の地震でストレートに目の当たりにしたっていうか。日々続く暮らしのことだから、実際には大変なこともあるかもしれませんが、ななえさんは「よかったな」と思うことってどんなことですか？

ななえ 子どもにとってはやっぱり親以外の人がいるのはいいなって思いますよ。私は函館にいたとき、おじいちゃんおばあちゃんと一緒に住んでいたから。うちは別に親に対してコンプレックスもないし、よく育ててもらったって思っているけど、親以外の人も一緒にいるのはさらに子どもにとってはいいなぁと。

崇博　「私」にとってはどうなの？（笑）

ななえ　ええ？　私にとっては……（笑）。まぁ大変なこともあるし、助かることもあるし。でもそれはうちの両親もきっとそう思ってきただろうし、うちのおじいちゃん、おばあちゃんも。まぁ昔の人はみんなそうだったんだろうけど、いまおばあちゃんと話すと、ひいおばあちゃんとの関係でいろいろ苦労した話とかも出てくるから……。またうちは、父親が母親の家に婿養子に入ったので、それはそれで珍しかったかもしれないですね。

お父さんによる
「なぜ核家族化が進んじゃったか⁉」レクチャー

アサダ　ここまで崇博さんとななえさんの話をうかがってきましたが、このあたりで少し、お父さんにもご発言いただけたらと思いますが……。

公彦　ちょっと大きな話になっちゃうけど、核家族化の要因については二つあると思っていてね。まずひとつ目。結局ね、核家族ってなんで可能になったかっていえば家を建てられるようになったからなのね。僕の世代は月賦もなかったし、いまでいう住宅ローンや住宅金融公庫もまだ一般的ではなかった。だから借金して家を建てるってこと自体がなかったわけ。一般庶民はほとんど借家なわけさ。大家さんがいて、店子《たなこ》がいて。われわれも子どもの頃は、札幌の南一一条あたりの借家に兄弟六人、父母、祖父母、曾祖父、あと、うちは洋裁の職人だったから、そのお弟子さんが何人か住み込みでいて、二〇人近い大家族だった。

熱い論を展開する公彦さん。

でね、話を広げるのもアレなんだけど、結局、持ち家が増えていったのは国の政策なんですよ。重厚長大の高度成長。そこで広まったのが車と住宅なの。庶民に買わせるための車や住宅がどんどん商品として流通しだして、庶民がそれらを買えるようにするための金融の仕組みもセットでできていった。

僕らが若い頃、石狩にこの家を建てる頃は確か月給一五万くらいだったと思うんです。で、この家は一〇〇〇万。それを一八年で返さないといけなかった。いまは、三五年で返すでしょ？ 昔よりいまの方がどんどん若年層にターゲットが絞られていって、「できるだけ早く家を買うように！」って流れになっちゃったわけ。

だけど俺はね、家に金をかけることくらい馬鹿馬鹿しいことはないって実は思っていてね。まぁ住宅設計の会社をやってはいるんだけど（苦笑）、基本的にはそう思っている。だって三五年ローンだよ。俺らの当時は一八年だからまだ若いうちに返し終わるけど、いまの人は六〇代、下手すりゃ七〇代って定年過ぎてもなお払い続けなくちゃいけない。これはさすがにおかしいんじゃないかと。そういう、国の持ち家政策って流れはやっぱり、家族が小さく小さく個別化していく、つまりは核家族化の大きな要因でないかと思う。

次に二つ目の要因。それはね、昔は家族で支え合うことが当たり前だったけど、最近は子どもが育つまでは親の責任であるってことを、だんだん忘れてしまっていること。こいつ（崇博さん）だっていまは生意気な顔しているけどさ（笑）、北海道出て何年も大学行って好きなことやってさ、北海道帰ってきたら、どうやって生計を立ててるかってワタワタして俺の会社を手伝って、そしてこうやっていよいよ自分で会社作ってななえちゃんとも一緒になってってなるまでにね、飲まず食わずの生活をしていたわけだよ。

それに対して親として別にこれといって何もしてないし、ただ「頑張れ」としか言ってないけど。それは三男（崇博さん）だけでなく、うちは子どもが四人なんだけど、長男も次男も長女もみんな基本は一緒でね。要するに子がなんだかんだ巣立つまでは……、この「巣立つ」っていうのがどこの時点でそう言っていいのかが問題だけど（笑）、とにかくそれまでは親の責任なの。そうでない状態で、食べられもしないのに独立していって核家族化していくってのはどうなんだろうなと思うわけです。（後編に続く）

＊1　公益財団法人北海道文化財団の主催事業で、道内の小学校で毎年行われている。アーティストのコーディネートなどの企画・運営を、崇博さんが代表を務める一般社団法人AISプランニングが担当している。

＊2　崇博さんの長兄（公彦さんの会社を継いでいるのは次兄）家族は札幌市内に住んでおり、なんとお子さんが七人もいる。僕も地震【＊3】による停電のために、お兄さん宅でお風呂に入らせてもらったが、とても賑やかで楽しいご家族だった。

＊3　二〇一八年九月六日三時七分五九・三秒に、北海道胆振地方中東部を震源として発生した地震。ちょうど漆家滞在中であり、このインタビューは地震発生から約四〇時間後、電気が復旧した九月八日二一時頃から約二時間にわたり行った。

第12章

「実家で親と同居」の幸せについてイチイチ考え、「地元で公私混同子育て」の可能性をネチネチ探る

漆崇博一家インタビュー（後編）

「核家族という在り方は、あらゆる社会問題の根っこになっているのではないか」。この問いかけを念頭に置きつつ、北海道石狩市のご実家で三世代同居をしている漆崇博さん、ならびに奥さまのななえさんとお父さまの公彦さんへのインタビューを引き続きお届けしたい。現在四一歳で僕と同世代の崇博さんは、一般社団法人ＡＩＳプランニングという会社の代表。

ここでは、さまざまなジャンルのアーティストを小学校に派遣し、子どもたちが先生でも親でもない「出会ったことのないタイプの大人」との不思議な交流を通じて、普段の学校生活だけでは学べない、新しい価値観を実感する機会を作っている。僕はこうやって執筆業もしているけど、アーティストとして地

域の現場や小学校や福祉施設に赴いてワークショップをすることも多く、彼とはこれまで幾度か道内各地の小学校で仕事をともにしてきた。

そんな彼との日頃の対話のなかから飛び出してきたのが、「核家族はダメ」（めっちゃザックリしてますが）発言。その真意は前編でも事細かに聞き、お父さまである公彦さんの「なぜ日本の社会は核家族だらけになってしまったのか」的レクチャーも聞いたのだが、理屈ではわかってもなかなか腹落ちできずにいたので、後編では冒頭から、このテーマをさらに掘り下げたいと思う。

それともうひとつのテーマ。それは今回のインタビューのきっかけにもなった話で、僕がこの年（二〇一八年）の九月と一一月に石狩市立紅南小学校で開催される「アート体感教室」にお招きいただいたことと関係がある。僕と学校をつないだのは崇博さんのコーディネートなわけだけど、実はこの小学校は彼の母校でもあり、長女のひとえちゃんが現役の小学二年生として通う学校なのだ。崇博さん、ご自身の渾身の仕事を思いっきりホームにぶっ込んできたってわけで。しかも、この「地元で公私混同子育て」へと深く踏み切った真意を聞いていくと、「脱・核家族化」というテーマともがっちりつながっていることがわかってきたのだ。

……と、ようやく前置きが終わり、いよいよ後編。最初は僕自身の青年期の家族の変遷について、ちょっとお付き合いをば。

「脱・核家族化」。異なる背景をもつ他人同士が出会うために

アサダ お父さんのお話をうかがっていて、やっぱり崇博さんが置かれている家庭環境がそもそも僕とはだいぶ違うなと思いました。地域環境としては近いところがあるんですよ。石狩のこのエリアは一九七〇年代に札幌のベッドタウンとして宅地造成が進み、そこに家を建てられた。

僕が一五歳まで過ごした大阪・堺の泉北ニュータウンも難波などに電車一本で出られるベッドタウンとして同時期にできたもので、両親はそこに戸建てを建てて兵庫から引っ越してきたんです。親父はサラリーマンだったんですが、五〇代になってバブルが崩壊してリストラに遭って、そこから事業を始めたんです。でもそれが思うようにはいかなくて、ここからがたぶん、だいぶ漆家と違う(苦笑)。

家はもちろん売り払って、そこよりも小さい新しいマンションをさらに郊外の土地に買って。でもそこも売って賃貸マンションに移り、そして大阪府営の団地に移り……、この間に何度も引っ越しをしているので、もはや地元も失ってしまって。その府営団地に移ったのが、

僕が大学を卒業した時期だったから、さすがにいつまでも親の世話になるわけにはいかないと思って、仕事を見つけてなかば無理やり家を出たんですよね。

そのとき僕が勤めたのが(当時あまり就職先として認識されていなかった)NPO法人だったこともあって、「お前、ほんまに食っていけんのか?」って心配はされましたけど、当時は両親も大変だったからなんとか出たくて。そしてそのあと五年くらいしたら、親父にも年金がそれなりに入ってくるようになって、母親がコツコツ働いてきた蓄えと合わせて、六五歳を過ぎてまた小さなマンションを購入して、いま、両親が住んでます。だけど僕はそこに住んだことはないので、そのときに「ああ、もう〝実家〟はなくなったんだな」って思いました。物理的な空間としての実家もないし、また親がそんなふうに事業に苦労していたので、その仕事を自分の巣立ちの糧《かて》にできるような状況にもなかった。

妻はまた全然違っていて、新潟の農村で育ちました。いまも立派な家と田畑があり、両親とお姉さん家族が一緒に住んでいるので、妻にとっても「何かあったら帰ることができる実家」っていう感覚が強いと思うんです。そういう「帰れる場所、甘えられる環境」が巣立ちの時期にあれば、例えばそのときに仕事における変化やパートナーとの出会いがあっても、実家ごと巻き込んで、場合によっては一緒に住んで助け合うって選択肢があったのかもしれないなって思いました。

僕がわざわざ自分の話をしたのは、二つの意味で「核家族はよくないと心底感じるリアリティ」がやはり未だにもてないからなんです。ひとつはお父さんの先ほどの「核家族がなぜ生まれてしまったのか」というお話。とりわけ持ち家政策が庶民個々人の経済事情を鑑みることなく浸透してしまったことって、やっぱりお父さんたち団塊の世代がリアルタイムで見てこられた実感であって、僕や崇博さん世代にとっては、後から学んだことなんです。

世代論にしてしまうつもりはないんですが、若い世代だとどうしても理屈ではわかっていてもなかなか腹落ちしない。これがひとつ。そこで二つ目ですが、じゃあ僕とは生まれ育った家庭環境、巣立ちの時期の家族の状況が違うってことがあったにせよ、僕と同世代の崇博さんが、どうしてそこまで「核家族ダメだよリアリティ」をもちうるのか。そこをもう少し知れたら……と思うんだけど。

崇博　俺の場合、いまやっている仕事と深く関係がありますね。俺は文化事業、アートプロジェクトを運営する仕事を通じて、またかつて学生時代に自分自身、絵を描いたりもしてきたなかで、アートをどうやって世間の人々に身近なものとして広めるかってことをやってきたわけです。いわゆる芸術文化の振興みたいなことね。

それでほんと最初は、アート至上主義というか、アーティストがいて、アートがあって、それを知ることのできる場とか機会をどうやって作るか、どう活性化させるかってことをやってきて。つまり、「なぜそういった場が必要なのか？」って疑問を、アートをやっている側の理屈から考えてきたんですよね。

でも、まぁすぐに気がつくわけですよ。それを必要としている人ってそんなに多くないってことに。「なんのためにそんなわけのわかんないことするんですか？」ってね。相手にわかってもらおうと思って、「アートのために」ってだけ言っていても、そもそもそれを必要としていない人には伝わらないわけで。それで、社会的な意義とかを考えるわけです。「アートにしかできないことがきっと何かある！」と。

そこを突きつめると「じゃあ今の世の中に足りてないことってなんなのか？」を考えることに行き着いた。それはシンプルに言えば「異なる背景をもつ他人同士が出会うこと」なんじゃないかと思ったんですよ。

例えばひとり暮らしでアパートに住んでいたら、隣に住んでいる人がどんなことをしているかもわからない。でも俺が小さい頃は、「隣のおじさんは学校の先生をやっていて」とか、職業まではわかんなくても、「あそこの家にはあのおじさんとおばさんとあの子が住んでて」とか、「うちの兄ちゃんともつながっていて、リビングにはこういったおもちゃが置いてあって」とか、結構な範囲まで知っていたわけです。なんだったら家の電話番号も覚えているくらいの関係性もあって。

だけど大学生になって北海道を離れて、俺は仙台でひとり暮らしをしていたんだけど、周りの状況はわからないし、他人との関係性も稀薄になって。それで、地域ではそういうつながりは難しいから、サークルとか、何か目的のある人たちが集まるコミュニティに参加したりして、なんとかつながりを求めたりね。

そういう経験を考えたときに、自分がやってきた文化事業、アートプロジェクトの仕事って、まさにアートを介して見知らぬ人と人とのつながりを生み出すきっかけを作れるんじゃないかって、自分が社会で果たすべき役割を明確につかめるようになってきたんですよ。そのうえで、より具体的にその役割をどういった現場で発揮するかを考えたときに行き着いたのが、いまメインでやっている小学校での事業だったり、商店街での事業だったりするんです。

壁には、長年の家族写真が時代順に貼られている。

学校も困窮している。商店街も衰退している。その根底にあるのは、人と人との関係性が稀薄になっていることだと俺は思う。保護者は何かあったら全部学校の責任にしようとしていて、親と先生のパートナーシップが崩れ、商店街は大型店舗に客足を取られ、商店主の世代交代もままならず、組合としての連帯も薄れてきて。結局、人と人が面倒くさいことも含めて直《じか》に関わり合うってことの必然性が感じられなくなってきている。それってなんでそうなったんだろうって考えると、極論かもしれないけど「そうか、家にじいちゃんもばあちゃんもいねぇからだ！」ってことに思い至ったんです。

アサダ　親以外のいろんな立場の人、おじいさん、おばあさん、ひいおじいさん、ひいおばあさんはもちろんのこと、親の兄弟とか、また商売をしていたら従業員や居候とか、そういう普段の家庭生活のなかから常に誰かとコミュニケーションし続ける状況に慣れていたなら、いまさっきおっしゃったような問題に至らなかったのではないかと？

崇博　大雑把に言えばそう。だって自分ひとりの幸せをそれぞれが追求するだけだったら別に商店街なんていまの世の中なくたっていいし、学校だってよその子どものことまで考えなければ「自分の子どもはこういうふうに見てくださいね、以上！」でいいんだと思う。でもさ、それじゃ「社会」が成り立たないってことは、

家族全員の共用リビングでは、
祖父・父親・子どもたちが自然と集まってくる。

ちょっと想像すればわかるわけじゃない？

いろんな子どもを受け入れるのが学校なのに、親がいちいち「我が子が、我が子が」って言っていたら、誰か他の子にしわ寄せがくるのは目に見えているし。でも、現実にいまそうなってしまっているわけで。やっぱり自分とは異なる価値観をもった人との接点が薄れているから、コミュニケーションの感覚が麻痺してしまっているんだと思う。

核家族は、同居する人数、世代の違い、そもそもの価値観の違いなど、いろんな点から本来必要な「摩擦《まさつ》」を弱くしてしまうので、その環境で育つことが、少なからずこういった事態に影響していると思ったわけなんです。

我が子と「共犯者」になってみる

アサダ　今回、漆家にインタビューしたかったのは、ひとつは前回からうかがってきた、親世代と同居して、自分が育ってきた地域で子育てしながら、みんなで暮らすことを大事にする家族像について。核家族が増えた背景やそれがはらむ課題についても、こうして話してきたわけだけど、もうひとつは「仕事と子育てを混ぜ合わせること」で、どんな家族を築けるのかってことなんです。

今回、僕がこうして、この石狩という土地に来ている理由って、漆さんがコーディネートを手がける「アート体感教室」という仕事がきっかけなわけですが、いつもアーティストとしていろんな小学校で、児童たちと交流しながらワークショップをしてきたけど、そのコーディネーターが自分の母校であり、なおかつリアルタイムに自分のお子さんが通っている小学校を舞台に設定するっていうのは、まったく初めての経験なんですよ（笑）。そのコーディネートってそう簡単なことではないと思うし、相当勇気がいるかと。漆さん自身がこれまでやってきた仕事＝社会的なミッションと、家族との生活をからめていこうと思った動機は何なんですか？

崇博さんの母校であり、長女ひとえちゃん（小二）が通う
石狩市立紅南小学校での「校歌のカラオケ映像」
ワークショップ。テロップを墨汁で書き、校歌を
歌いながら各地でビデオ撮影。撮った映像を振り返り中。

崇博　そうですね。あまり自分の母校だってことは意識してないかな。もちろん懐かしさはあるけど。やっぱり自分がいまも住んでいる地域にある学校だってことと、そして何よりひとえ（長女）が通っているってことの方が大きくて。正直言って「どうしようかな……？」とは

思った（笑）。でもね、何のためにこういう仕事をしているかってことに立ち返ったときに、極論を言えば、やっぱり幸福の追求だと思っているんですね。それで道内のあちこちの学校で活動してきたわけで。もちろん実績を作る意味もあるし、いろんな学校現場やアーティストとの連携のバリエーションを広げる意味もあった。でもあるときに、なんかフワフワしてるなと。こういうことをいったん、自分の足元でもやらないといけないんじゃないかって自問自答するようになって。

それで今回、自分が住んでいる地域で、しかも長女が通っている小学校、さらに次女やこれから生まれる三女のことを考えたら、この先十数年がっつり付き合い続ける小学校に、自分がいままでやってきた活動を投入するってことは、そのひとつの答えになるんじゃないかって思ったんです。

あと、たまたま去年、ＰＴＡのお母さん方から「漆さんってこういうお仕事してらっしゃるって聞いたんですけど」って連絡をいただいて。でもそれは今回のアート体感教室みたいなことをやってほしいというよりは、もっとライトに一日バザーみたいなものを開くから、アーティストの方を招いて簡単なワークショップをやってもらえないかというような相談だったんです。だから保護者のなかにもそういうことに関心がある人っているんだなっていう実感は少しあったんですよ。

結局その話は実現しなかったんだけど、そうこうしている間に、今回のアート体感教室が近づいてきて、たまたま今年、学校がなかなか決まらなかったこともあって、せっかくだからこの機会に母校の小学校でやってもらおうとなったんです。

アサダ ななえさんやお父さんは、この状況をどう感じてますか？

ななえ 「すごいな……」って思いました。もちろん「別にいいんじゃない？」って思いますけど、もし私が「自分の生まれ育った函館で」とか「自分の子どもが生活している環境で」ってなったら、自らそのチャレンジはしないだろうなって。なんかいろんなことを知ってしまうのが怖いというか。例えば内部に入り込んでいろんな問題が見えてしまったら、それはそれでしんどいじゃないですか？

アサダ 学校でだったり、地域でだったり、自分の子どもと他の子どもとの関係性とか、いままで見えてなかった問題に気づかざるをえなくなるかもしれないと？

ななえ そう。自分の地域にもしかしたらがっかりしてしまうかもしれないから。でもそうじゃない、逆に魅力を発見できる可能性ももちろんあると思ってはいます。

アサダ 確かに勇気はいりますよね。でも内部に入っていって良くも悪くも地域のいろんな面を知っていくと、自分の子どもが通っている小学校や、そこでの生活に対する解像度はぐっと上がるんでしょうね。深さが増すというか。お父さんはいかがですか？

公彦　それはね、単純にすごく幸せなことだよ。俺もサラリーマンを辞めて自分で小さな建築の会社を立ち上げてかれこれ二〇年くらいになるけど、自分が拠《よ》って立つ地盤に関われる、何か頼まれることって、やっぱり一番嬉しいことなんじゃないかな。小樽や江別から仕事の依頼があったら「そんな遠くの人も、うちの会社を知ってくれているんだ」って嬉しさは確かにある。

でもよく考えたら、ご近所からね、「漆さんのところでリフォームお願いしたいんです」って言われると、そっちの方がやっぱり「苦労してやってきて良かったな」って思えるんですよ。だから、ときに子どもも巻き込むくらい積極的に公私混同できるのって、自営業の特権じゃないかと思います。

アサダ　今回は一週間のアート体感教室のさなか、四日目を迎える直前に大地震が発生してしまい、残りは延期になってしまいました。なので、まだ三日間では語りきれないとは思いますが、実際にひとえちゃんもいる現場に入ってみて、どんな感覚ですか？

崇博　えぇっと……（笑）。もちろん他の小学校でやってきたのと同様、目の前の子どもたちの反応とか、先生たちの反応とかは当然気になるよね。でもそれに加えて、これからも確実に関わり続ける小学校であり、逃げられない現場である（笑）、ってことを意識してしまうというか、いつも以上に気になることは多いですね。

それで恥ずかしながら、やっぱりひとえの反応が一番気になりますよね。でも気になり方にも二通りあって。まずひとつは、シンプルにひとえ自身がどう感じているかという点。彼女の表情とか彼女の動き、彼女が次に何をやろうとしているかとか、どうしてもその場にいると、ひとつひとつの反応に目が行っちゃう。あるいはその場に「いない」って反応も含めてね（笑）。いなかったらいないで「あれ？　来てないじゃん」みたいな気に仕方をしてるし。

それともうひとつの話ですが、これはちょっとわかりづらいかもしれないけど、参加者としてのひとえというよりは、このプログラムを一緒に仕立てている関係者というか、「こっちサイド」としての娘との関係なんです。

僕はいつも、コーディネーターとして自分が呼んできたアーティストの視線を通じて、子どもたちの反応を見ている感覚があるんですよ。でも今回はね、アサダさんだけでなく、ひとえというもうひとつの視線を通じても、そこで起きていることを見ているというか。

普段は、アーティストという存在が、子どもたちが自由にコミュニケーションできるように触媒になってくれているんですよね。音楽とか美術とかで培った感性や技術をフルに発揮されて。でも、先生方のなかにも密にコミュニケーションをとっていくうちに、アーティストやコーディネーターの意図を自分なりに共有し、この現場を盛り上げようとしてそれとな

校歌の歌詞を映像のテロップにするため、
文字ずつ墨汁で書く。上級生のその様子を
眺めているひとえちゃん（左）。

くいろいろ仕掛けてくださる方もいるんです。で、今回は子どもであるひとえが、ある意味、そういった役割も果たしているというか。それってなんというか「共犯者」みたいなもので、ひとえはやっぱり俺と親子であるということも含めて、「いち参加者」でありつつも、どこかで「共犯者」になってくれているんじゃないかと。

もちろんこの企画を彼女と一緒に仕込んだわけじゃないし、あくまで親の自分が勝手にそう思っているだけなんだけど、それでも彼女自身もアーティストとは違うタイプの触媒になって立ち回ってくれているように感じることもあって。だからとっても複雑ですよね（笑）。

公彦　それは多くの親が体験できない貴重な体験だよね。昔の田舎だったら、自分の子どもが通う学校で教師をやっているみたいなことは、結構あっただろうけど。

崇博　ＰＴＡとかもあるけど、それは明らかに保護者の一員として関わっているわけで、自分の仕事としての活動をもち込んでしまっている今回とはだいぶ違うとは思う。どうしたって僕らが親子であることは隠しようがないわけで。だから、こうやって一保護者がこんなわけのわからないアート活動なんてもち込んで、その娘であるひとえが羞恥心《しゅうちしん》とかを感じちゃって、普段どおりのパフォーマンスが発揮できなくなるってことがもしあるんだったら、それはそれでかわいそうだなって思ってはいるけど。

だからほんと、どの距離感でいるのがいいのか、どういうキャラで現場に立ち続けるべきなのかっていうのはやはり悩みますよね。

家族の意味を「曖昧」にしてみることで開かれる場

アサダ 先ほどからお父さんも話している、公私混同的な、仕事も子育ても同じ地域でぐちゃぐちゃに混ぜていくようなあり方って僕も興味があるんです。ここも世代論にするつもりはないんですけど、どうしても会社通勤がスタンダードになっている世代からすると、何もかも自分の土地でやるってことに対して、いくら自営業でやっていけたとしても、どうもどこかでバリアを張っている感じがあって。「そこまで混ぜると本当に覚悟を決めないといけない……！」っていう、逃げ場のない感じに関しては、もう割り切れました？（笑）

崇博 いや今回ね、地震があったことで、この事業が中止になる可能性もありましたよね。

でも、「延期」ということになって、アサダさんには申し訳ないけど（笑）、一二月にもう一回来てもらうことで学校と調整できたことを、俺は実はものすごくポジティブに捉えていて。逆に無理やり終わらせる決断でなくて良かったなと。

だって、ずっと関わり続けないといけない学校だから、こうやって関わる機会を複数回設けられるのは、とてもいいことだと思っています。他の学校だったら、正直「今回いったんアサダさんに帰ってもらって、また近々やりましょう」って心の底から言えるかというとどうだろうか。「事業」としてやっている部分もあるので、「こんな地震があったことだし、今回はこれで終えましょう」という割り切りもあったと思う。

でも、今回は絶対それはしたくなかったんです。俺が暮らしてきた石狩のこの地域で、娘が通っているこの学校では、ね。だからこの機会に長く付き合い続けるきっかけをしっかり作っていきたい。そういう意味では公私混同していく覚悟というか、喜びがありますね。

それで、もう少し大きなことを言うと、その「ごった煮感」は結局のところ、俺が目指している社会のイメージに近いんです。つまり、いろんな価値観や考え方、人種や立場、生き方が混在して、それでいて共存できていることが実現できれば、それは理想の社会ではないかと。そこにガチガチのルールがあるのではなく、その制度とかルールを超えたところに自発的にある種のバランスが生まれてくるような気がしていて。

公彦　この家も、昔から常に家族以外の人が出入りしていたからね。だから息子たちが小さい頃から、血縁以外の人がいることに免疫があったのかもしれない。特にうちは女房がユネスコの石狩支部の事務局をやっていたり、民生委員をやっていたりで、近所のおばちゃんたちの交流も盛んだった。それと、家でもできる仕事として数学塾をやっていたから、だいたい毎日一六時から二〇時まで、うちに生徒が何人もいてね。

崇博　そうそう。だから俺ら兄弟は、いつも二〇時にならないと晩飯食わせてもらえなくて。ほんと、学校から家に帰ってきたら、だいたい誰かいたからね。周りに鍵をかけている家の子が多いなかで、俺は学校で「崇博んちはいつも開いている」って有名だったもん（笑）。

でも、いま考えればそれなりの覚悟がないとできないよね。だって、物とか盗まれてもまったくわからないし、タバコ吸ったり酒飲んだりする悪ガキの溜まり場にもなっていたり（笑）。まぁ親父やお袋からしてみたら、よそで悪いことするくらいだったら、うちなら安全だからって大目に見てくれてたんだろうけど。いま思えば、そういう家庭で育ったことは、この公私混同ごちゃ混ぜ感の原体験になっているかもしれない。

でもね、改めて思うんだけど、じゃあ「公私ってそもそも、そんなにはっきり分かれているものなのか？」って根っこのところでは思うわけですよ。むしろ、それが幻想であるってことをあぶりだすことが必要なのではないかって。そこが共有できれば他人に対してもっと分け隔てなく優しくなれるし、困ったときに助け合えるんじゃないかと。

個人のやりたいことを追求するのは大切だけど、個人主義や核家族化が進みすぎて、「自分（うちの家族）さえよければ」っていうのはまずい。周りとの関わり合いのなかでの振れ幅がある「自分（うちの家族）」として考えられるチャンスを、もっと作らないといけないはず。そのミッションを突きつめていくうえで、わかりやすく制度や規制でガチガチに公と私が分断されているところ――俺にとっては、例えばそこは小学校や公共の文化施設――にあえて「曖昧《あいまい》な領域」を作っていくことが、いまの自分にできる活動だと思っています。

アサダ　「ここはこれをするところだよ」って機能や目的が明確に定められていそうなところに、「曖昧な領域」を作ることで、一見わかりやすいと思われているところにも実はわかりにくい要素がたくさんあって成立しているってことを、もう一度問い直すって感じですね。「家族」も、「家族ってこういうもんだよね」という価値観を自明のものだと思わずに、あえて曖昧にしてみたり、混沌とさせてみたり。まさにこの連載を通じて僕が考えてきた「家族という名の不思議なコミュニティ」について、いろいろ気づきを得ました。今日はありがとうございました。

崇博　こちらこそ。ほんと、「家族」って不思議ですね（笑）。では、引き続きアート体感教室もよろしくお願いします。

「家族という風景」の厚み――被災の一幕から

二〇一八年九月六日三時七分五九・三秒、北海道胆振地方中東部を震源として、大きな地震が発生した。紅南小学校の仕事とこの取材を兼ねて漆家に滞在していた四日目のこと。インタビューを行えたのは、地震発生から約四〇時間後に電気が復旧した、九月八日二一時頃だった。

だから、というわけではないけど、電気が完全に停まったこの二日間でのちょっとした行為――電池式のラジオを囲んで、みんなで被害状況を聞き、物置から使われていなかったランタンを取り出して一夜を過ごし、いつもよりも光り輝く星空をみんなで眺め――に、なんというか、この家で長らく「家族」を編み上げてきた「風景」の厚みのようなものを感じながらのインタビューとなった。

今回、ホテルに泊まっていた可能性もあったわけだけ

電気の停まったリビングで夕飯を食べる漆家。

ど、漆家に滞在したことで、物理的にも精神的にもこの「風景」によって、孤立せずに包んでもらえた、そんな感慨を抱いている。

ひとえちゃんは結構シャイガールで、でも静かにアツいところがあって。小学校でのワークショップと、漆家での生活とダブルで一緒に過ごしたことで、少しずつ僕との距離も縮まった気がするし、僕が滞在している部屋にふらっと遊びにきてくれたりもした。

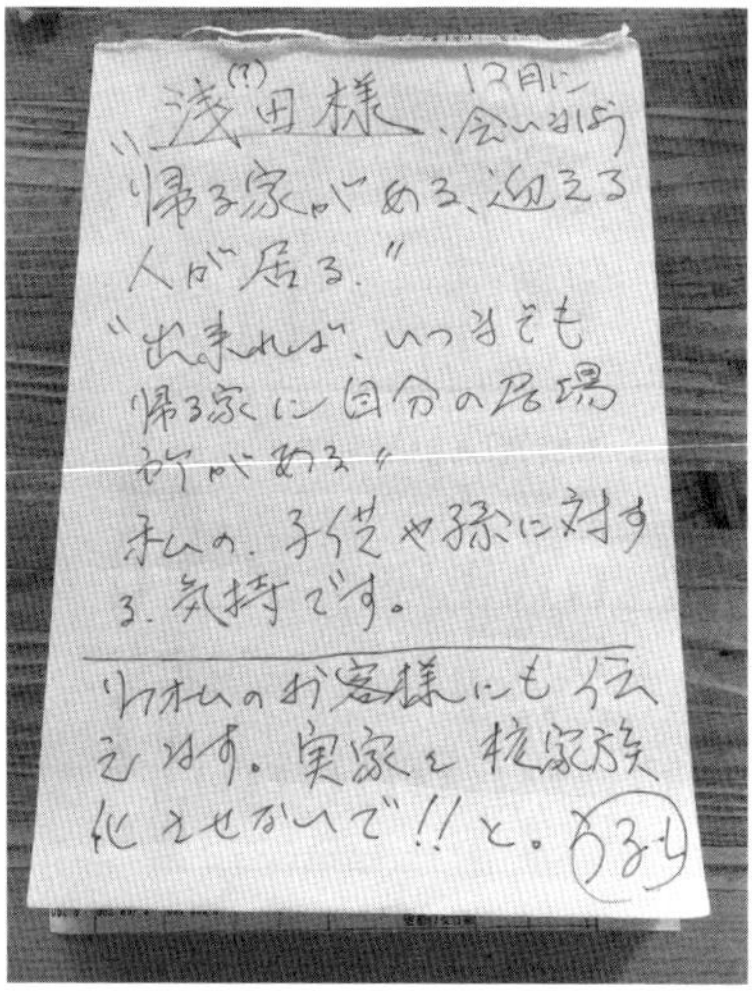

公彦さんの想いのこもった手紙。

そんな彼女について一番印象に残っているのは、電気が復旧したときに突然泣き出したこと。地震が起きてからも崇博さんとＡＩＳプランニングのスタッフの自宅に支援に行ったり、札幌のオフィスで一緒におやつを食べたりしながら、「この状況」を少し楽しんでいるようにも見えたし、実際にかなりの非日常なので、そういう感覚もあったかもしれない。でも、やっぱり張りつめていたんだなぁと。そのときの家族の受け止め方が、「よしよし、怖かったね」でもなく、とても自然な感じだったのも、何気に印象に残っている。

最後は公彦さんからのこの手紙（写真参照）で締めたいと思う。うちの家族、妻とつい先日5歳になったミコと1歳になったナルとのあり方は、いわゆるひとつの核家族ではあり、すぐにそのカタチを変えられるわけでも、すぐに変えたいわけでもないけど、いろんな「家族の風景」を実感していきながら、「こういうのもありえるかも……!?」と家族のなかで対話と妄想を繰り広げることに、僕は結構な意味を感じている。

「ありえるかもしれない家族像」をつかみながらいまを見つめることは、それなり大変でワチャワチャする日常をときに優しくほぐし、ときにたくましく乗り越える一助になると思っているから。この本が、どこかの誰かの「家族」にとってのそれになれるなら、とても嬉しい。

第13章

ホカツの遠吠え
別の家族像を
見つめる手前で

東京に移り住んで一年四ヶ月が経過。妻も東京で仕事を着々と増やし、ミコとナルは都会ではもはや当たり前ともされる兄弟姉妹別保育園での生活。僕は僕でありがたいことだが、以前に増して全国各地からの依頼をいただき、「東京に行ったら、以前より東京にいることが多くなって出張が減るかな」という予想は見事に外れる。むしろ全国各地への出張が増え、大阪、福島、北海道、静岡、福岡などなど、月の半分近くは別の土地の布団で寝ている（冗談でなく、朝起きたら自分がどこにいるのかわからないことがたびたびある）という生活に。

東京にいるときの平日は僕がミコの、妻がナルの送り迎えを担当。土日のどちらかは仕事を休んでミコを習い事に連れて行ったり、家族みんなで買い物に行ったりという感じだったのが、九月くらいからそのペースも崩れ始め、当然その負担は妻にのしかかる。

ミコ、ナル両方の送り迎えもとなれば、二km以上離れた両園を行き来するわけで、さすがに酷。そんななか、次の一〇〜一一月の（新年度に向けた）ホカツ戦争は万全を期して「兄弟加点」と「認可外（施設を利用）加点」をもって、「これで俺たち戦えるで！　ナルをニコちゃん保育園に転園させて、姉妹一緒に過ごしてもらおう！」と意気込んでいたのも束の間、「えっ？　そんな殺生な……」という事態に。

頑張って「認可外」に入れたのに「育休・産休」の方が加点高いやん問題——featuring 妻の遠吠え

僕ばっかり書いていてもリアリティがないので（僕の本やからそんなことないかもしれませんが……笑）、ここで妻に登場してもらいます。妻が友人限定で二〇一八年一〇月九日に公開したFacebookの投稿を以下、そのまま転載します。

【保活　来年度の認可園入園　不戦敗になりそう！　く——！】

あまりにもやりきれない気持ちなので投稿。長いです。

認可外に通っている次女ちゃん（0歳）を来年の四月に認可園、できればお姉ちゃんと同じ園に入れたいなぁ、まあ、きょうだいだし、いま認可外入れているし、ポイント的にいけるでしょ〜。とあまり何も考えずに一〇月から配布されている市の来年度の入所案内をもらう。

小金井市は都内でも屈強の保育園入れない地域。1歳児の入園決定率はなんと五二％！　ということもあり、あらゆる情報（入園できるポイントのボーダーラインや各園の倍率など）を随時公開しています。

この週末によく読んで進めようと思っていたところ、なんと盲点！　私のような自営＋認可外にすでに入れている人はどう転んでも太刀打ちできないことになっているでわないか！

1．きょうだい加点がない（同ポイントの優先項目にはある）

2．認可外へ入園しているポイント　＋5

3．育休・産前産後休を現在取得中のポイント　＋10

興味のある方は参考記事としてリンクのページを読んでほしいのですが……

この3番の項目は育休制度のない自営業者には全くもって関係のない、しかしこの関係ない項目が10ポイントってどういうことなんでしょう？

そして1歳児入園にあたる入園決定のボーダーラインのポイントはこの＋10がつく（両親週五日フルタイム勤務100＋100で200ポイント）210ポイント……

我が家はどうあがいても205ポイント……

というわけで、この時点で決定可否はわかってしまったわけです。現在育休・産休を取っている人と同じ舞台にさえ立ててない。

これ、二年前から変わっていないっぽいんですよね。

しかし、小金井市、サラリーマンで会社勤めの方が育休・産前産後休取得、ゆっくり休んで復帰する人を完全に優遇する制度にシフトしてしまった。ちなみにリンク記事にある江東区は二番と三番は同ポイントなんです。これだったら同じ舞台には立ててるんですが。

これって暗にしっかり仕事して確実に税金おさめてね☆　ということなんだろうか。自営業者は危うい⁇　財政難の市がとった選択がこれか。こうなると1歳児の保護者は全員サラリーマンってことになってしまって、とても気持ちが悪い。もちろんひとり親も同様。なんとか認可外に入れて早く仕事復帰した人は認可外に入れているんだからイイでしょ？　的な方向のよう。

く――――！　思うことはたくさん。保育料、我が家の場合はざっと計算しても月に一万円負担多いし、家から二人の保育園は東西に一㎞強ずつ離れているから荒天の送迎は苦しいし。

政府は多様性だ、働き方改革だ、と言っているけど、保育園激戦区の自治体の出したいったんの答えは真逆をいっているのでした。この件、苦情として市に言おうとは思っているけど、市は働き方のマイノリティを排除していることは一目瞭然。町工場や個人商店などが少ない地域だからこれを思い切ってやってしまうんだろうな。

この二日間くらい怒りがわきあがってどうにもストレスでしたが、どうにか気持ちの転換をはかっています。

一番の盲点はこれについて調べられていなかった自分たちにストレスを感じています。でも事前にわかっていたら小金井市に引っ越してこなかったのか……。判断が難しいところです。

https://dot.asahi.com/aera/2017012300154.html（保活戦線　ポイント基準の変更

で早期復帰がムダになる?)

そこに「ポリシー」はあるのかい?

で、この投稿の直後、僕は小金井市役所に問い合わせをし、相当長く話し込みました。最初に出られた担当者に、このことを聞いてみると……。

「入れていない方をとにかく優先するし、これが国の方針でもあって。でもおっしゃることはよくわかるので、認可外(施設を利用)加点と育休・産休加点を同点にするべきだと、私も個人的には思うんですが、上の判断で……」

と言われてしまい。

認可であろうが認可外(ナルが通っている認証保育所など)であろうが、それで保育料が安く済もうが高く済もうがそれはさておき、「入れていない」ということが優先されるのだと。だから加点に差をつけているんだと。でもそうなるとですね、そもそもフリーランサーは休むと仕事が入ってこなくなったりする状況なわけで、仮に「自営でも就業規則や育休制度作ってもらってもいい」と言われたとしても、それはまったく現実的でないと思うんだな。だから僕はこう質問しました。

「育休制度を作れるような環境ではなく、やはり少しでも早期に復帰して働かないといけないなかで、僕らは運良く次女に認可外に通ってもらうことができましたが、もしこれで入れてなかったとしたら、あなたのおっしゃる〝保育に欠ける〟状態だったとしたら、育休を使っている人と同じ立場ですよね？　でも実際は育休ですらないので、点数的には全然差が開いてしまうんですけど、これって結果的にフリーランス・自営業者を排除する構造になっていませんか？」

するると、答えが返ってこなくなり……。

「すみません。上の者と話し合って、のちほどお電話折り返します」という状況にあいなりました。

その後、上司の方から折り返し連絡があり、まず小金井市としては国の方針に「純粋に」従って、優先順位としては「入れている／入れていない」を重視すると。そのうえで、僕らのような意見も課題だと認識しているので、対応を今後考えていきたいという回答になった。

しかし、この「純粋に」というのがクセモノで、もし国の方針に拘束力があるというか、それが本当に「正しい」なら、他の自治体も同じ考えを採用して認可外（施設を利用）加点より育休・産休加点の方を高くしているところが多いはずだけど、どうもまったくそうではないことがわかってきたのだ。

　ここからは、僕が小金井市でつながりができた、とても柔軟な姿勢で保育や教育の問題に取り組まれている市議会議員の白井とおるさんとこの件について意見交換した二〇一八年一〇月末に、三多摩エリア二六市の調整指数を調べていただいた（本当にありがとうございます！）データ（プラス僕自身も二〇一八年一二月に追加で確認した）をもとに書いています。

　例えば、小金井市に隣接する三鷹市、武蔵野市、西東京市、小平市、国分寺市、府中市の平成三一年度入所の案内を例にとると、

○小金井市
認可外（施設を利用）加点：＋5／育休・産休加点：＋10
○三鷹市
認可外（施設を利用）加点：＋2／育休・産休加点：項目見当たらず
○武蔵野市
認可外（施設を利用）加点：一年以上利用で＋1／育休・産休加点：育児休業取得一年以上で＋1
○西東京市

認可外（施設を利用）加点：＋5／育休・産休加点：＋5

○小平市

認可外（施設を利用）加点：3歳児クラス以上の申し込みの場合＋15／育休・産休加点：項目見当たらず

○国分寺市

認可外（施設を利用）加点：＋3／育休・産休加点：項目見当たらず

○府中市

認可外（施設を利用）加点：三ヶ月以上六ヶ月未満有償で利用＋2、六ヶ月以上有償で利用＋3／育休・産休加点：項目見当たらず（ただし、いったん退所後、育休を経て再利用は加点あり）

隣接市を見るだけでも、実は小金井市だけが「育休・産休加点」を明らかに重視しているのがわかる。また三多摩二六市のうち、小金井市と同じように「育休・産休加点」を「認可外（施設を利用）加点」よりも明確に重視しているのは、昭島市、東大和市、武蔵村山市のみ。

こうやって比較してみると、「（認可／認可外ともに）〝入れていない〟という状況を重視するのが国の方針。だから認可外に入れている人よりも、育休・産休加点を高くする」という小金井市の方針は最終的には「一自治体の独自の判断」であって、「国の方針だから」では理由の一部にしかならない。

百歩譲って、平成二七年の「子ども・子育て支援新制度」【＊1】以降に、国から何かしらの通達で育休世帯を優先していくような流れがあって、それに「真っ先に」小金井市が従って市民に「メッセージ」を示しているという見方もあるのか？　そこまで考えているようには到底思えないんだけど……。大切なのは、その選択をした理由をいち自治体として明確に示してもらうことだ。

電話ではまったくその理由に触れられず、結局押し問答を繰り返す状況になった。「じゃあどうすればいい？」ということも現実的には知りたいのだが、その前にそもそも「なぜそうなっているの？」ということをやっぱり知りたいのだ。平たく言えば「ヘイユー！　そこに〝ポリシー〟はあるのかい？」と。

そうでないと、市民はただ漠然とした理由（しかも担当者により「〝個人的〟にはそう思う」などと回答にバラツキがある）に、個々の家族における保育のあり方、働き方が大きく振り回されてしまうではないか。

大切なのは「多様な働き方に対する想像力」をもつこと

一方で、「税制」という観点からすると考えさせられる指摘もあり。担当者から「あくまで世間話として聞いてほしいんだが」という前置きがあったのだが、一〇～一一月のこの時期に、夫婦のうちどちらかが、家族経営の会社や自営に「就職」するケースがたび重なると。つまり、「保活のために働いている状況を作る（もっと悪く言えば働いていることにする）」という例が多数あるというのだ。

また、自営業者が保活申請の際に、休みもなくフルで働いていると申請しても、給与面や社会保険までは保育課で実態をつかめないことを考えれば、これは「保育園」の問題だけでなく「納税」に関わる問題でもある。

実際のところはわからないという前置きがあるが、明らかに担当者が言いたいのは、自営の人の一部は、申告上「うまいことやってる」というのが本音なんだと思う。

また、認可と認可外の保育料の差は、認可外に関しては、うちは子どもが二人いるから補助が三万円出ているのだが、妻も書いているとおり、認可に預けられたときの状況と、現在の認可外の状況との差は月額一万円ほど。納税額を基準にした「認可園における保育料のランク付け」があって、うちのランクでそのくらいの差だけど、もっと低いランクになると、より認可の方が得になるし、もっと高いランクだと、補助をもらえば結局ほぼ認可も認可外も変わらないなど、それなりに認可でも保育料を払うことになるわけ。

これはどこでも一緒だと思うんだけど、先の担当者との「モヤモヤぼやかしニュアンストーク」は、「このランク自体を、自営業者が確定申告の時点でいじれる可能性がある」ことを示唆していたんだと思う。つまり、保育料じゃないところの、収入と所得のところですでに操作できる余地が自営業者には多少はあるだろうと。ぶっちゃけ、確定申告をしている自営業者ならまぁまぁ「イタいところ」なのではないだろうか？

その一方で、あるあるトークとしてよく聞くのは、「○○ちゃんのお父さん、えらく早く迎えに来ているし、こないだ昼間に××スーパーで買い物しているのを見かけたけど、ほんまに仕事してんの？（保育に欠ける状況なん？）」というあの話。これが役所に結構上がってくるクレームらしい。「不公平だ」と。「私たちはサラリーマンで〝ほんとに〟保育に欠けるのに、なんかフェアじゃない」と。

でも、一方で役所の担当者曰く、「最近は早く迎えに来られる方のなかに、サラリーマンの方も増えています。これは会社側がそういった時短勤務を導入し始めたからであって、どんな働き方であろうが、〝あの人、もう帰っているから自営業者はずるい〟みたいな話は見当違いだし、おかしいと思います」と。

結局、三〇分以上話し込んだこの担当者とのやりとりで僕が最終的に感じたのは、問題は「保育」という領域以前のところにあるということ。つまるところ「多様で異なる働き方に対する想像力がお互いに欠けている」って話なんだと。納税のあり方に関しても、働く時間感覚や、生活との織り交ぜ方のバランスなども。

だから「自営だから／サラリーマンだから」みたいな構図だけで、「希望する園に入れない」という問題は語れないところも多いし、そもそもの親の働き方の違いを認めたうえで制度上（便宜的に）「公平なルール」を保つという前提で行われる保活が、かえって「多様性に対する無理解」を明るみにしてしまうというこのネジれた事態は、なんだか国さまがこちゃこちゃ言っている「働き方改革」や「ダイバーシティ推進」の時勢とまったく足並みが揃っていない気がする。

こんな一連のこと書きながらも、別に僕は単に行政批判をしたいわけでなく、担当者たちの努力だけではどうにもならない、市民それぞれの働き方・暮らし方にまつわる「通念」が、この問題の奥底に通奏低音のようにボワーンと蠢《うごめ》いている事態を、改めて自覚するべきだと思う、今日のこの頃なのです。

変化とサステナビリティの共存とは？
心が折れそうになる私たち！

正直、こんなことをツラツラ書いていて、「俺はいったい何を書いてるんだ!?」と思っています。ただ子どもたちと「家族をする」というだけで、こんなにいろいろやらなあかんもんかと！　ちょうど二〇一八年秋から年末にかけて、先ほど書いたようにたび重なる出張で家を空けることが多かったのとこのモヤモヤすぎる保活が重なり、我が家にはうっすら、しかし確実に「ああ、なんとかこのしんどさから抜け出さないとな……」という空気が蔓延していくことに。

ワンオペ状態が続いている妻に対しても「ありがとう」と「ごめんね」を言っているだけではもちろん済まないわけで。妻はある日、Facebookでこんな投稿をしていました。

私が思う保活問題はさらに根深く、産後赤ちゃんに対して産院or健診での助産師さんなどは「成長を周りの子どもと比べてはいけません。前の日と比べて何ができたかで成長を喜ぶんです！」とホンワカ理想を述べてうんうんと疲れた身体で頷く母親たちを、いきなり保活というのは点数制でバッサリと当落つける。いきなり崖に立たされる感覚よね。産後で体調も整っておらず、睡眠不足でホルモンバランスも落ち着かない母親たちはそら〜いきなり保育園入園という問題を社会に突き付けられるわけですから、泣いたり羨《うらや》んだり妬《ねた》んだり怒鳴ったり行き場のない感情をぶつけてしまうわけです。（中略）
それでもっとキツイのは入園できたとしても待っているのは壮絶な仕事と家庭との往復の毎日。入園当初は病気だ熱だで何度も呼び出し。勤務を減らしたくても減らせば保育の必要性は下がり保育園には預かってもらえないかもしれない……。（中略）
夫と話し合うに、今回保活の限界を感じたのでした。とはいえ、こうやって一つずつ情報公開したり意見したり記事にしたりして進めていくことが大事だなと痛感。
ママ友同士で愚痴ったり、役所の担当者に吠えたってむなしいだけ。あっちがずるいとかそんな話するの誰だって嫌よね。
なんとか自分の住むとこが住みよい街になりますように。引き続き申請書はしっかり作って申し込みます！

「なんとか自分の住むとこが住みよい街になりますように」。そう。まさにそう願いながら、少しずつ新しい友人ができたり、小金井市の文化事業のお手伝いなどの仕事も入ってきている妻ではあるが、とはいえ、やはりナルの誕生と新天地（しかも彼女の苦手な東京！）というシチュエーション。徐々にわれわれの諍《いさか》いも多くなり、そのしわ寄せが（ナルが誕生して以降、やはり赤ちゃん返り的なこともあり、とにかくワガママで言うことを聞かない）ミコに対する理不尽な怒り方という形になって子どもとのコミュニケーションに表れたり……。

些細なことに聞こえるかもしれないが、僕が長期出張中に、ナルが卵ボーロを食べて顔が赤くなり下痢になったときのアタフタ（結局卵アレルギー確定）。娘二人をエッサホイサと自転車で保育園に送り届けたのちに家で家事を済ませてひとりパソコンに向かって仕事をしているときに「こういう日常についていてただただ話す相手が欲しい」と押し寄せてくる寂しさ。

妻は「もうちょっとなんだと思う。この生活に慣れるかもしれない」と言うが、そのあくる日には「やっぱり私、ここに住んでいる意味がどうしてもわからない」と言う。そしてそれに対して何もできない僕自身もまた移動しながら、出張先のホテルで寝ているときもそのことにずっと後ろ髪をひかれる日々を送ってしまったり。

このままこの状況に目をつむってなんとか乗り越えられれば、それはそれで「あのときは大変だったね」で済む話かもしれないが、正直ちょっと自信なくなってきたなぁ……。

そんななかで漆崇博さんへのインタビューを通じて「核家族ではない形」についても探ってきたけど、どうしたら「変化がありつつもサステナブルな家族生活」を送れるだろうかと、われわれも子どもが寝静まったのちに語り合うように。

これからは、「どんな場所でも〝親〟になる」ための思索へと突入していこうと思う。

＊1 幼児期の学校教育や保育、地域の子育て支援の量の拡充や質の向上を進めるために平成二七年（二〇一五）四月にスタートした制度。①認定こども園、幼稚園、保育所を通じた共通の給付（「施設型給付」）及び小規模保育などへの給付（「地域型保育給付」）の創設、②認定こども園制度の改善（幼保連携型認定こども園の改善など）、③地域の実情に応じた子ども・子育て支援（利用者支援、地域子育て支援拠点、放課後児童クラブなどの「地域子ども・子育て支援事業」）の充実、の三点が主なポイント。

第14章

離島移住？　夫婦別居？　二拠点生活？　ある「島」と出会った「家族」の生活実験
久保田茜さん＆林田家インタビュー（前編）

【登場する人】
◆久保田茜さん（二児を連れて愛媛県今治市・大島に移住。現在、夫のテツさんは大阪との二拠点生活）
◆林田誠一さん（茜さんのお父さま。大島で家をセルフビルド中）
◆林田町子さん（茜さんのお母さま。畑仕事や絵画をエンジョイ）

我が家はその後、いろいろ悩みながらも妻の実家や友人たちの協力も得て、なんとか楽しく過ごしてる。と言いながらも辛かったのはやはり病気。胃腸炎パンデミックが到来しまして……！　次女ナル→妻→長女ミコ→わたくしと律儀に回ってきて、この原稿を執筆中の一昨日はトイレから離れられないという地獄を味わった。
ささてさて、前回はがっつり次女ナルの苦しい保活事情について書きましたが、改めてご報告。全滅……。やぁもう予想を綺麗に裏切らなさすぎて、逆に前向きになれたわい！

前向きになれたきっかけのひとつとして、ある家族との出会いがあった。僕が大阪にいたときから、かれこれ一五年ほどお世話になっている友人に、久保田テツさんという方がいる。大学の教員でありNPO法人の代表として、文化事業の企画や市民メディアの制作など幅広く活躍されている。

彼と大阪で会うたびに立ち話程度に話を聞いていたのが、「妻と子どもたちが離島に移住して、僕はひとりだけ大阪に残って、ちょくちょく島に通っているんだ」という話。同年代の子どもがいて、かつ、仕事の内容もわりかし似ている先輩的存在のテツさんが、そんな不思議な家庭生活を送っていると聞いて、「この話が面白くないわけがない！」と直感。お伝えしているとおり、我が家も子どもが増え、東京での生活に苦戦しているなかで、最初はただの興味だったのが、だんだんと切実に話をうかがいたいと思うようになった。

そこで、まず二〇一八年一〇月に大阪でテツさんとお茶をした際にうかがった内容を、以下ざくっとしたメモに。

久保田家＆林田家のメモ

◆二〇〇八年、京都出身で大阪を拠点にしている久保田テツさんと、東京都港区出身の林田茜《あかね》さんが結婚。

◆二〇〇九年、大阪で同居生活スタート、ほどなく二〇一〇年に長男・丸《まる》慈《じ》くん（二〇一八年一二月取材当時は小学三年生）が誕生。

◆二〇一一年に、東京都世田谷区に住む茜さんのお父さまの林田誠一さん、お母さまの町子さん、そして（母方の）おばあさまが、茜さんの子育てのサポートも兼ねて大阪へ移住。

◆二〇一二年に、茜さんは町子さんのサポートを受け、大阪の企業にフルタイム就職。翌年には、長女・埜《の》良《ら》ちゃん（取材当時は年中さん）誕生。

◆二〇一五年、育児と仕事の両立に限界を感じ始めていた茜さんに対して、突如、誠一さんと町子さんから「田舎に移住したい」とびっくり提案。そうこうするうちに、次女・うねちゃん（取材当時は二歳）の妊娠発覚。

◆二〇一六年、リサーチにリサーチを重ねて見つけた愛媛県今治市の大島に、誠一さん、町子さんらとともに久保田家も家族ごと移住。その後、東京都世田谷区の実家で暮らしていた茜さんの弟の望《のぞむ》さんも移住。

◆しかし、テツさんは仕事があるため大阪に残って単身生活、月に二度ほど島に通う二拠点生活へ突入。

愛媛県今治市の大島に住む茜さん。
カレイ山展望公園から芸予諸島を望む。

いやはや……。夫婦の片方が実家の両親とともに子育ての環境を整えるというのはまぁあることだけど、その実家も含めて「まったく何の縁もゆかりもない土地」に移住し、しかもその結果「夫婦は別居する」って家族形態は、これまで聞いたことがなかったので、二〇一八年一二月に愛媛県今治市宮窪町友浦に住む久保田茜さんを中心に、ご両親の林田誠一さん・町子さんにもお話を聞きに行ったわけだ。

新天地・大阪でのワンオペ育児から抜け出すプロセス

アサダ　今日は深夜バスで渋谷から今治桟橋まで来て、そのあと、しまなみ海道をバスで渡ってここまで辿り着きました！　まずはテツさんに事情を聞こうと思って大阪で会ったら、会話の端々で「ええっと、詳しくは妻に聞いてもらえれば……」と言われたので（笑）、ここはちゃんと現地に行って茜さんから事の経緯をうかがい、生活の雰囲気も体感できたらなぁって。

茜　ようこそお越しくださいました（笑）。じゃあまず私の実家、林田家の話からしていきますね。私自身は東京の港区出身なんだけど、両親はともに関西出身。父は大阪の都島《みやこじま》区、母親は京都の左京区で生まれて。二人は高校の同級生だったんだけど別々の大学に進んで東京で再会したそう。父は建築を勉強していたんですが、大学に一〇年もいて、それで学生結婚で子どもができたっていう（笑）。

それでさすがに働かなきゃってことで、なんとか東京の某デベロッパーに就職。港区界隈の都市開発の仕事が多かったこともあって、社宅を転々としながら、その界隈に長らく住んでいたんです、私が高校を卒業する頃くらいに世田谷区に中古の戸建てを買うまでは。その頃は、母方の祖母と父方の祖母も一緒に住んでいたりで、結構大家族でしたね。

私はその家に住んだり、ひとり暮らしをしたり、出たり入ったりしていたんですけど、大阪にいたテッちゃん（久保田テツさん）と結婚することになって。今年で一〇年目なんですが、最初の一年は東京と大阪で遠距離生活を送っていたんですよ。いわゆる別居婚ですね。で、そのあと結局私が仕事を辞めて大阪に移ってテッちゃんと暮らし始め、それでわりとすぐ妊娠して。大阪で何か仕事に就こうと思っていたんだけど、長男の丸慈が誕生してからは育児にかかりっきりで。まぁワンオペ育児っていうか、テッちゃんは仕事で外に出ずっぱりだったから。両親はもともと関西だけど私は生粋の東京育ちだったからまったく地縁もないし、初めての子育てだし……正直、大変でしたね。

しかも大阪の北摂《ほくせつ》エリアのモノレールが走っている、下町感ゼロで幹線道路沿いでマンションバブルなあの感じっていうのが、子育ての環境としてちょっと馴染めなくて。六本木に住んでいたお前が言うなよって感じなんですが（笑）。私も働きだしてから丸慈を駅近の保育園に入れていたんだけど、旦那さんがもともとそのエリア出身で実家が近いから、そのあたりでマンションを買ったみたいなお母さんたちが多くてね。うちらは、テッちゃんの職場の大学がたまたま豊中やったから、そこの教員寮に住んでただけなんですけど。

アサダ　なるほど。初めての大阪に、初めての子育て、それに住んだ地域自体にもなんだか馴染めなかったと。

茜　そうなんです。それでもしばらくはその教員寮に、テッちゃんと丸慈と私の三人で住んでいて。一方、世田谷の実家には、両親と弟、それに母方の祖母が住んでいたんですが、もともとその家は、兄と私と父方の祖母も入れて多いときは七人くらいで住んでいたんですね。でも兄が家を出て、私も結婚して大阪に行って、父方の祖母は亡くなり、弟も一度ひとり暮らしをしたりで、とにかくどんどんスカスカになっていったんですよ。しかも父が会社を突然早期退職してしまって。父はなかなか変わり者で、なんせ大学に一〇年くらい居座って学生結婚して子どもを作っちゃうような人なので無茶苦茶なんですよ、昔から（笑）。

まぁそんなモラトリアムな父が会社に入ったものの、やっぱり仕事に行くのが苦痛で仕方なかったんだと思います。家族もいたから泣く泣く締めたくもないネクタイを締めてなんとかサラリーマンを続けてくれていたんだけど、さすがにもういいわと。しかも世田谷の家のローンも完済してしまった。言わなければいいのにローンが終わったことを母が父に言ってしまったんですよ！（笑）

アサダ　あぁ、それでもう弾けちゃったと……（笑）。

茜　そう！　バーッと視界が開けてしまって、「仕事辞める！」って（笑）。三〇歳くらいで勤め始めて六〇歳にもなってないのに辞めたから、普通のサラリーマンに比べたら勤続年数が短い、短い（笑）。とにかく辞めてしまったら東京にいる意味がなくなったんですね。それで、娘の私がたまたま大阪で結婚して孫もいるし……しかも、子育てが大変そうだから「ちょっと大阪行くか！」って思ってくれたようで。

でも、父はもうそんな状況だからお金はないわけですよ。ローンに使ったり、自己都合の早期退職だから退職金も微々たるもんだし（苦笑）。そんなことがあって、世田谷の持ち家を活用するのがいいんじゃないかということになり、シェアハウスとして運用できないかと考えたんです。

ちょうどあの頃、二〇一〇年頃ってシェアハウスがすごく話題になっていてタイミングもよかったんですね。私は大阪から乳飲み子を抱え東京に通ってリノベーションに立ち会いました。父は仕事を辞めたあと家に引きこもりがちで、弟もそのときその実家に住んでいたんだけどネトゲ廃人みたいになってて……、母方の祖母もいてその介護で母にも相当負担がかかっていたので、シェアハウスの件は私が立ち会うしかないなと。で、いざシェアハウスが順調にスタートして、いよいよ林田家が大阪に移り住んでくるってなったんですが、とはいっても、うちはテッちゃんの大学の教員寮だったからさすがに狭い。それですぐ近くの借家を探して、父、母、祖母を呼んで。弟だけはそのまま世田谷のシェアハウスの管理人を兼ねて残しました。その大阪への引っ越しの翌日が、二〇一一年三月一一日だったんです。

アサダ　そうか。東日本大震災。

茜　震災がきっかけで「ひとり暮らしは怖い」「シェアハウスに住んでいざとなったときは助け合いたい」という人が増えて、入居の募集があっという間に埋まって。それが収入の糧にもなって、林田家もようやくなんとか生活できる状態になったんですね。

アサダ　東京のご実家が収入の糧を得たことで、お父さまとお母さまとの近居も成立。あとは茜さんたちの子育てサポートの体制作りと仕事ですよね。

茜　そう。丸慈も2歳になったし、助けが見込めるようになったことで、うちもようやく生活が安定してきた。だからいよいよ私も働きに出ようと。それで二〇一二年に、大阪の某通信販売会社に契約社員として就職しました。で、ぶち当たるのが保育園問題ですよね。一応フルタイムだったし、四月入社で内定が取れたので結構万全な保活だったんだけど、それでも最初はどこも入れなかった。それでテッちゃんの大学のなかにある事業所内保育所に通っていたんですが、でもそこは保育料がかなり高くて補助金もなかったから家計的にきつくて。そのあとなんとか認可園に空きが出て、年度途中で移ることができたんだけど。

アサダ　ああ、北摂エリアも子育て世帯に人気があるから保活大変そうですよね……。

茜　大変でしたね。最近ますます待機児童が増えているらしく、小学校の学童保育もパンパンだと。どんどん新築マンションも建ってるし。保活以前にそもそもよく就職できたなっていまは思いますけどね。子どもはいるし学歴も資格もないのに、もう面接では口八丁手八丁で「東京でバリバリやってました！」って風吹かせて、かつ「子どもは両親の協力があるのでがっつり働けます！」と言いまくって、なんとか就職を勝ち取ったという（笑）。実際に保育園の送りは、母親が車でうちの寮まで来てくれてそこに丸慈と一緒に乗り込んで保育園に放り込んだらそのまま駅に直行。フルタイムだから迎えはそもそも間に合わず母に任せきりでしたし。そのサポートがなかったら絶対働けなかったですね。テッちゃんがルーチンの仕事だったらまだしも、とにかく彼はほぼ家にいないし、いてくれるにしても、時間が読めないし。

アサダ　まぁテツさんは、かなり僕と働き方が近いと思いますから、聞いていて自分のことのように胸が痛いです……。

茜　それでも親たちのサポートがあることで、働きに出られていること自体がすごく嬉しくて。正直、契約社員だったしそんなに稼げるわけでもなく、保育料のこととか考えたらわざわざ働きに出ても割に合っていたのかわからないんですが、とにかく子どもと二人きりでいる状態から脱したくて。「このままでは私がしんどい！」ってずっと思っていたから、稼ぐどうこうより「社会とコミットしたいっ！」って動機の方が強かった。子どもは子ども同士で遊ぶ時間も必要だって思っていたし。

東京で働いていた頃は、いろんな活動をする仲間たちもいたし、仕事でもプライベートでも社会にコミットしている感じはあったんです。でも、そういうチャンネルを全部捨てて大阪に移ってきたじゃないですか。旦那は旦那でいつも面白いことをやってるし、地元だからつながりもいっぱいあるし。だから彼もいろいろ私に気を遣って自分の友人・知人を紹介してくれて。それはすごくありがたかったんだけど、でもやっぱり、子連れかつ新天地でどう関わっていったらいいかずっとわからずにいました。

アサダ　いやぁ……。もううちの家族の話を聞いているようでなんとも……。僕もテッさんと同じで、妻に東京でいろんなつながりを紹介したり、特にいま住んでいる小金井市の文化関係の仲間につないだりしていますね。妻もじわじわ仕事を増やし、娘を友人に預けたりして、そういったつながりを広げてきてはいるんだけど、それでもやっぱりここにいる理由を見出すのはそう簡単ではないと言います。そう言われると、僕も自分の都合で無理やり東京に引っ越したところもあったから、ほんとに申し訳なくて、それでまたいろいろ紹介したり……。

茜　そうでしょ、そうでしょ！（笑）すごいわかる。テッちゃんもそこはずっと負い目を感じてきたと思うし。だから私が自分の世界をもつために働きに出たいって話したときはすごく歓迎してくれたし、そのために親のサポート体制も固まったからね。

仕事を始めたことでだいぶ土地にも慣れたんだけど、テッちゃんは、私がバタバタ働いている様子を見て、「そんなに働かなくても、もっと茜ちゃんのやりたいことをやったらええよ」って言ってくれるんですね。確かにテッちゃんの稼ぎだけでもなんとかなるかもだし、彼も私を気遣って言ってくれてたんだろうけど。でも、実はこの「やりたいことをやったら」っていう言葉って私にとっては結構プレッシャーで。だって「うーん……じゃあ私のやりたいことって、いったい何？」って考えても結局わかんなかったし、考えれば考えるほどだんだんしんどくなってきて（苦笑）。逆にそういうことより「お金稼げるんならええわ」って感じでがむしゃらに働いてきた気がします。だけど……。

アサダ　だけど……？

茜　そうこうしているうちに埜良がお腹にできちゃって。しかも入院したんですよ。妊娠初期に切迫流産のおそれで緊急搬送されて。退院した後も出産までずっと自宅安静となって、そのまま育休も一年半くらいいただいて、結局、仕事をかなり長らく休むことになったわけなんです。で、「さすがにそろそろ職場復帰せねば！」と思って保活をしたけど、埜良を丸慈と一緒の園に入れることはできなくて。その二拠点がまた結構離れてるんですよね。そうなったら送り迎えは完全に母に頼りっきり。それでもさすがにきつかったので、フルタイムから時短勤務に変えてもらって。とはいえ、仕事の量は減らず、チームで動いているからとにかく気を遣うことが多く、同僚にも謝りまくりで。仕事の内容的にもやりたいことをやれているという感じもなく、なんとか親のサポートもあって

大阪の教員寮時代の家族写真。左からお腹に埜良ちゃんがいる茜さん、丸慈くん、テツさん。

勤めてきたけど、そろそろ限界かなと思い始めていたときに、テッちゃんも当時勤めていた大学の任期が切れて「次どうする?」ってなって。

あの人もすごく悩んでいてね。私もきつかったんだけど、本人を前にすると「きつい!」ってなかなか言い出せなくて。でもまぁおかげさまで次の大学の仕事がなんとか見つかって、しかも同じ大阪の近いエリアの職場でよかったって話になり。それが二〇一五年、丸慈が5歳で、埜良が1歳の頃で、そうこうしていると今度はですね、なんとここにいるうちの両親が「私たち、大阪離れて田舎暮らしがしたいんだけど……」って突然言い出して(笑)。

アサダ　いよいよ本題ですね(笑)。そうか、茜さんからじゃなくて、お父さまとお母さまが言い出しっぺなのか。

事の発端は両親の田舎暮らし願望

アサダ　お父さま、お母さまにも改めて移住の経緯をうかがいたいのですが。

誠一　うちは基本的にアウトドアというか、家族でもよく小さい車にキャンプ道具詰めて各地を走ってたんですよ。

アサダ　どこへ行かれてたんですか？

誠一　まぁ東京近郊だから奥多摩とか、山梨とか、福島だとか。

町子　行ける範囲はほとんど行ったよね。

茜　北海道にも行ったよね（笑）。ポンコツ車にみんなでぎゅうぎゅうになって乗ってね。

アサダ　そもそもなぜ田舎暮らしに憧れるようになったんですか？

誠一　大阪の街なかで生まれ育ったでしょ。高校までずっとそこで、大学は東京で、仕事も東京でってとにかく都会しか経験してこなかった。それでちょっと疲れたこともあり、いつか田舎に住みたいとは思っていて。それでどうせ田舎に住むなら海の近くに住みたかったんですわ。

アサダ　海ってのがポイントだったんですか？

誠一　まぁ大阪って山も見えるけど、海もまぁまぁ近いじゃないですか。なんか山あり谷あり海ありってそれらの距離感が近いところが落ち着くなぁとは思っていて。東京も港区にいたし海が近いんだけど、なんせああいう整備された海だからね。山も遠いしね。だからそれらが歩いていけるサイズ感で集まっている田舎に住めたらなぁって思うようになったんです。

アサダ　基本的にあてがあったわけではなく……？

誠一　まったくない。

町子　相当回ったよね、あちこち二週間くらい。それこそ瀬戸内界隈は小豆島とか、岡山とかの沿岸も回ったし。四国の沿岸ももちろん。だって長崎や阿蘇の方まで行ったもんね（笑）。

アサダ　九州まで車で！　そのリサーチ中ってどこで寝泊まりしてたんですか？

町子　基本車中泊。私は最初は嫌で、「絶対どっかに宿とるんじゃ！」って言ってたんだけど、ぐるぐるぐるぐる、あてどなく回っていくうちに、いちいち宿をどこにするとか考えてアポ取ってっていうのが面倒くさくなってきてね（笑）。それでもう「キャンプ場でいいか」ってなってキャンプ場に電話してここにテント張らせてってやってたんだけど、そのうちそれも面倒になって（笑）。しかもこの人（誠一さん）はそういう予約とか絶対やらない人だから。「もうええか……車中泊で」って最後はなっちゃいましたね。

誠一　旅をするときに予定なんか絶対立てないよ。そんなのありえない！

茜　この夫婦は昔から、ほんとに行き当たりばったりなんですよ！（笑）

アサダ　いやはや、面白すぎます（笑）。お二人ともその年齢で車中泊とかすごすぎますよ！　それでこの島に辿り着いたわけなんですか？

誠一　まぁいろいろ回ったけど、親戚が大阪や浜松にいるから、あんまり離れすぎるのもと思い、できるだけ関西寄りで海があって。それで小豆島もええなぁって思ったんやけど、あそこはすでに結構都会っぽくなっちゃって。のんびり感が少しなくなっていたからね。この島なんて来たらわかるでしょ？　ほんとにのーんびりっていうか（笑）、別に観光で成り立っているわけでもなく。石材屋さんとか産業もあるけど、全体的にあまり商売っ気がないというか。そのゆるさ加減に惚れたんです。

町子　沿岸部だとやっぱり工業地帯が多くてあまりのんびり感もないしね。離島のなかでも大島は、海の景色が開けているってのもポイントやったかな。他の島（このあたりの島は芸予諸島と言われる）だと、目の前に別の島とかがすぐ見えちゃってね。ここはとにかく抜け感がある。

誠一　それで、私たち夫婦二人で勝手に決める前に、一度、茜にも見ておいてもらおうと思って、この島も含めて何候補か再び回って。

町子　でもこの人の心のなかではもう「ここだ！」って決まっていたんでしょうね。そこにたまたま「売地」って看板も出てたし（笑）。まぁその売地を買うことは結局なくて別の土地になったんだけど。

アサダ　聞けば聞くほど、ほんとに「ただたまたま出会っただけ」なんですね（笑）。なかなかそんな「ダーツの旅」のような移住リサーチ、稀だと思いますよ。すごいわ……僕や妻の両親だったら、その発想と行動力はまったく考えられないですね（笑）。

誠一　一応ね、ちょっとは現地の人の話も聞いたのよ。ちょうどたまたま大島のどこかの家で移住してきた人たちが集まってピザパーティーをするって話を聞いて、飛び入りで参加させてもらって（笑）。そこで四組の移住者の方とお会いしてね、皆さんリタイア組っていうのかな。それが同じようにみんな口を揃えて「ここの朝日は最高だ」とか「のんびりしててほんとにいい」って言うんですよ。外から来て住んでいる人がそう言うんだから間違いないだろうって思って、「やっぱりここだ！」って決めたんです。

育児の限界という現実×両親の夢＝「島」へ！

茜　そうなると実際問題ね、父と母と祖母だけで移住されてしまったらね、「えっ？　これから私はどうなるの……!?」って思うわけですよ。両親がいるから働けていたわけで、それに旦那は職場が変わってさらに忙しくなりそうだったし、その時点で子どもは丸慈と埜良の二人もいると。「いや待て待て。絶対無理やん！」ってなって（笑）。どう考えても大阪に残り続けることに希望を見出せなかったんです。

さらにね、これは私自身の問題かもしれないけど、とにかく都会での子育てに相当限界を感じていたっていうのもあって。自分の家の周りは住宅とちっちゃな公園ばっかりで、毎週

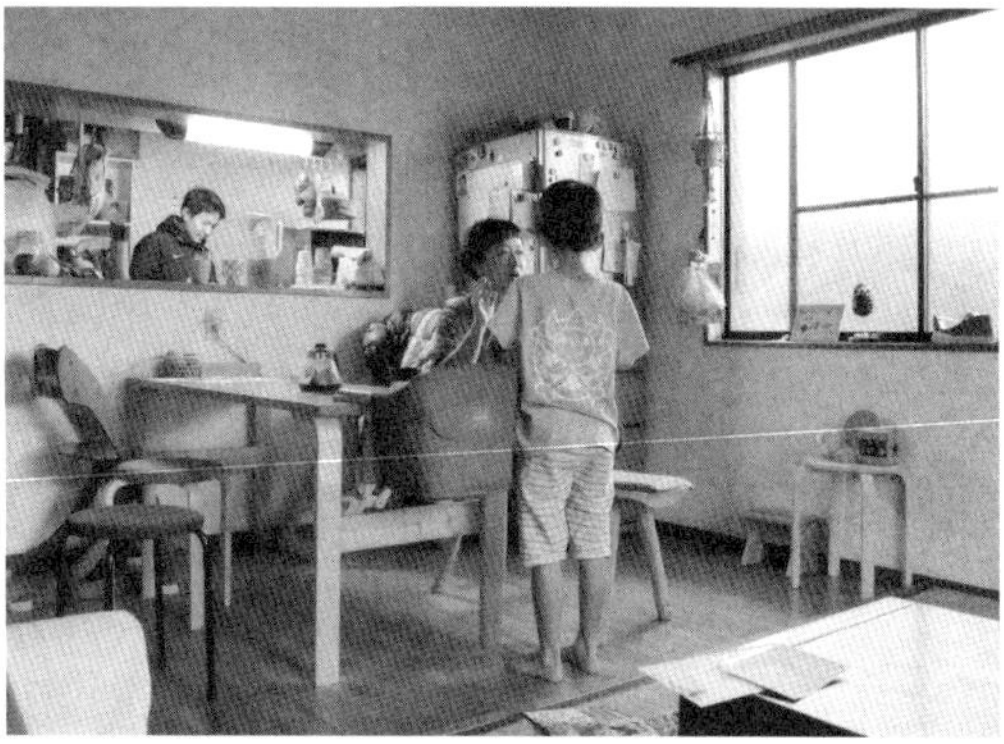

居間からは、窓を開ければ海が見える。中央が茜さん。キッチンにいるのは弟の望さん。夕方になって長男・丸慈くんが小学校から帰宅。

夕飯時。後ろ姿がそっくりの長女・埜良ちゃん（右）と次女・うねちゃん（中央）。そして、キッチンには誠一さんと町子さん。

島では、のんびりとした時間が流れている。

末、子どもと何しようか本気で悩んでいた。まぁテッちゃんが週末関わっているイベントに連れて行くとかはあったけど、そこに子どもを連れて行っても子どもが勝手にちょろちょろ走り回っているのを追っかけて疲れるだけだし（苦笑）。

アサダ　うちもめっちゃよく似たもんですわ（苦笑）。近所の公園に連れて行くか、自分のイベントとか用事に付き添ってもらうか。しかも4歳年の差のある娘二人のどっちもってわけにいかず、だいたい僕は長女対応なんですけどね。あとは、まぁTSUTAYAでアニメのDVDを借りるとかも、時間を潰すのに楽だからついついしてしまいますね……。

茜　お金で解決したりね。テーマパークに行くとか、モールで買い物するっていうママたちも結構多いと思うんですけど、私の性分がケチでとにかく消費したくないんですよね（笑）。

アサダ　妻もまったく同じことを言うております（笑）。都会とか郊外のモールって、何かと金を使わせるような環境がくまなくちりばめられてますもんね。新潟にいる妻の姉がよく娘の世話をしてくれるんですが、ディズニーランドが好きで、たまに連れて行ってくれるんですよ。うちら夫婦だけなら絶対連れて行かないんだけど「伯母さんが連れてってくれるんなら行ってもいいよ」って（笑）。まぁ、だからといって、うちら夫婦ともどもインドア派だからキャンプとかにも連れて行ってあげられてないしな……。

茜　旦那は買い物も好きだし、それに同じくがっつりインドア派でシティボーイなんでまぁそれは仕方ないとして（苦笑）、とにかく都会で子育てを続けることについては、私にとっても子どもにとっても「このままではいかん！」って感じていたんです。そんな悩みの渦中で次女のうねの妊娠が二〇一五年にわかり、さすがにこれ以上職場にも迷惑かけられないしということで、ついに退職。ちょうど二〇一六年は丸慈が小学校に上がるタイミングだったから、「もうこれはいま両親について行くしかない！」と覚悟を決めたんです。

アサダ　ってなると、候補地の話し合いには茜さんも途中から加わったんですか？

茜　多少は。両親と祖母だけならまだしも、私と子どもたちも一緒に移住したいって言い出したらそりゃいろいろ条件が変わってきますよね。まずは旦那をどうするか問題。彼は大阪に仕事があるから離れられないのはわかっていたけど、だから物理的に二拠点生活できる範囲ってどこまでなのか、例えば最初は小豆島って案も出た。大阪になるべく近い島の方がギリギリ通いやすいんじゃないかとかね。

アサダ　テツさんはいまどれくらいのペースで島に通っているんですか？

茜　月に二度のペースをどうにか守っているけど、時期によっては忙しくて一回しか来られないこともあるし。だいたい、金曜日の夕方に仕事が終わって、その足で新大阪から新幹線で福山まで来て、そこから大島までバスが出ているんですよ。だから一九時半くらいに着いて、それで日曜のね、まぁ結構早めに帰るかな？　次の日の準備がどうのこうのとか言って……（苦笑）。一六時過ぎとかに大阪へ旅立つ感じ。それで往復二万円×月二回で毎月四万円くらいかかってくるんですよね。もちろん必要経費なんだけど、それなりに大きな出費だし、どうにかそれくらいはやっていけるかなって家計簿とにらめっこして……。

あとは、子どもに関する問題ですよね。小学校もないくらい過疎化しているところはさすがにまずいなと。その点、大島には二校ある。あと船便しかない離島が多いなかで、大島にはしまなみ海道という「橋がかかってる」。やはり小さい子どもに何かあったときにすぐに大病院に駆けつけられるという心理的な安心感があります。今治にも三〇分で出られるし。そういう意味でここはちょうどよかった。こうやって条件が改めて絞り込まれていって、この大島に辿り着いたんです。（後編に続く）

第15章

離島移住？ 夫婦別居？ 二拠点生活？ ある「島」と出会った「家族」の生活実験

久保田茜さん＆林田家インタビュー（後編）

前編では、茜さんと、誠一さん、町子さんに今回の島移住の経緯をうかがった。そしてこの後編では、実際にこの島でどんな生活が展開されているのか、ひとりひとりの新たな挑戦、子育てや家族のあり方に対する考え方の変化などを茜さんにロングインタビュー。

そもそもこの本で取り上げてきた方々の生活は、すべて「うちら家族と地続きだ！」って思って書いてきたけど、今回はなお一層まったく他人ごとではなく、取材なのか人生相談なのか、よくわからない塩梅になっているかも。

家族それぞれの充実生活

アサダ　大阪から大島に移住して、三年近く経ったかと思うんだけど、茜さんをはじめ、ご家族それぞれの変化について教えてもらえますか？

茜　まず父には明確な夢があって、それは「自分の家を自分で作りたい」ってこと。大学で建築を学んで建築士になりデベロッパーに入って、バブルの最中に大都会でビルをバンバン建ててきたような人だけど、自分の手で建てたわけじゃないって、くすぶる気持ちがずっとあったようで。そもそも都市開発的なことが向いてないって感じてきたから早期退職したわけだし。それでいよいよ田舎に来て一から自分で家を建てると。ここ（茜さんたちが暮らす海沿いの平屋）から山の方に二分ほど歩いたところです。まぁ父ももう七〇歳近いんで最後の夢ですよね。

アサダ　確かに体力があるうちじゃないと家は建てられないですよね。数年かかるし。

茜　数年どころか！　もうすでに三年経ちましたけど、全然ゴールが見えない。こないだまで外壁をやってたんですが、めちゃくちゃ時間かかって。私もモルタル捏《こ》ねて……（笑）。ここは一応、家ができるまでの仮住まいっていうか借家なんですが、仮住まいが嘘にならな

誠一さん建設中の家を茜さんに案内してもらう。
小屋のような感じかと思っていたが、
しっかりと「住宅」だったのでびっくり！　しかも、
誠一さんと町子さんは、孫がうるさいので
夜は建設中のこの家で寝ているという強者っぷり……。

ければいいなと（苦笑）。

母は、父よりも自然そのものが好きな人なんですよね。子どもの頃から京都の吉田山で虫や草木と戯れるナウシカみたいな生活をしていたらしいので（笑）。いまうちには畑もあるんですけど、基本、母がすごく楽しそうにやってます。あと、彼女は絵を描くんですよ。このリビングにもいろいろ飾ってますが、ぜんぶ母の絵。学生時代は彫刻をやっていたそうですが、東京から大阪に移り住んだときに平面をやりだして。「私はこれからは絵を描いて過ごしたい」と言っていましたね。

アサダ　そうか、お二人とも余生のビジョンがかなり明確にあったんですね。

茜　そうですね。二人とも私ら子どものために、自分のやりたいことを犠牲にして頑張ってきたし、老後も孫の世話で大阪にも来てもらっていたので、この島ではせめて好きなことをやってほしいって思うんです。

私も、いま家を建てているところの隣が荒れ地になっているので、そこを開墾して子どもたちが遊べるプレイパークを作ろうかと。最近、チャボと鶏小屋をご近所さんからもらって。猪の解体用のハンガーに布をかけてハンモックにしたり、結構いろいろできそう。でもこの開墾がなかなか大変で、何度も腰を痛めてダウンしてます（苦笑）。

あと、弟の望ですね。彼は東京にいたときはネトゲ廃人と化してたので、なかば無理やりこっちに連れてきたんですよ。島に来てからは父と家作りをやったり、いま木工にはまっていて。

もともと器用で丁寧に手作業するタイプなんで向いていたんですね。子どものランドセルのラックを作ってもらったり、いまは私が折ってしまった鍬《くわ》の柄を直してもらってます。あと、このへんは猪が多いので、狩猟免許も取ったり。昼間はそんなことをしてるけど、夜間は島にある役場の支所で宿直の管理人をやってます。島の人が「兄ちゃん、若いんだから仕事した方がええんちゃうか？」って心配して紹介してくれたんですよ。

「田舎に行けば子どもは勝手に外で遊ぶ」はイメージだった

アサダ　逆に、島ではこういうのが難しいとか、困っていることとかあります？

茜　来た当時は、島にないものをいろいろあげつらっていたけどきりがない。「しょっちゅう今治市内に出ないといけないんだろうな……」「橋代はかかるけど必要経費か……」と思っていた。

例えば病院。小児科や耳鼻科や皮膚科がないんですよ。でもね、内科に行ったらおじいちゃんおばあちゃんばっかりだけど別に子どもだって診《み》てくれるんですよね。ワクチンだって一応あるし。ただ、器具が大人用しかなくて大きいとか、普段使わないワクチンだから看護師さんがあたふたするとか、それくらいのこと。

買い物も、最初は今治のイオンモールにちょくちょく行っていたけど、もうほとんど行かなくなりました。島の野菜とか魚でなんとかなるし、それで献立も考えるようになる。なるっていうか「する」って感じ（笑）。割り切って、島のなかでどうにかできるアイデアを探るという発想に変わっていきました。

でも、難しいこともあります。島に移住したら、ほっといても子どもが自然に戯れて遊んでくれると思っていたけど、実はそうでもなかった……。下の女子たちは結構やんちゃなんだけど、長男の丸慈がね。彼は大阪の記憶もあるし、もともとインドアなところがあって。テッちゃんに似たのか（苦笑）。

アサダ　（島に取材に来る前に）テッさんと大阪で話した際、丸慈くんが「どうもまだ島の生活に慣れないんだ」と言っていると聞きました（苦笑）。

茜　そうそう。テッちゃんが島に来ているときも、「よし！ 丸慈！ 自動販売機にジュース買いに行くか！」「わーい！ 父ちゃん、行く行く！」とかやってますからね（笑）。田舎まで来てわざわざ自販機はないだろうと（笑）。そもそも丸慈は、家にいて本を読んだり、ゲームをしたり、宿題をして静かに過ごすのが本当に好きみたいで。だいぶガミガミ言わないと外に出ない。

だから、子どもの生育環境を考えて自然あふれる土地に移住したら、子どもたちは毎日山をかけまわり、どろんこ遊びをして……みたいなのは完全にイメージで。確かにそういう人もいると思うから、漠然と私らもそうなるかなって思っていたらまったく予想が外れた！

小学校は小学校で結構管理が行き届いていて、そもそも子どもだけで海で遊んじゃダメだし。親たちは、子どもの頃は勝手に人の釣り船に乗って海に飛び込んで遊んでたとか話しているんですけど、それはあくまで昔の話で、自分の子どもにはそういうことを絶対にさせないっていうね。

そういう意味では、意外と都会の子と決定的な差はないのかも。でも環境は本当にいいし、丸慈もボーイスカウトとかやっていて自然そのものが嫌いってわけじゃない。だから、何かこの島でできないかと探った結果、「仕事をしてお金を稼ぐ」ってのがいいんじゃないかと思ったんです。

子どもが「仕事」で他者とつながる。「丸ちゃん農園」の挑戦

茜　家を建てている土地の向かいにある、はっさくの木に実がなっていて、地権者から借り受けたんです。それを丸慈が収穫して、自分で値段も決めてお客さんに売って、手紙をつけて発送するっていう一連の仕事を、「丸ちゃん農園」と名付けてやってます。

買い手という相手がいることで甘えが許されないじゃないですか？　自分だけの問題じゃないから、どうやったらもっと喜んでもらえるかとか、いろいろアイデアも考えるようになるし。で、あいつね、お金大好きなんですよ（笑）。売れたら自分にお金が入ってくるので、目の色変えて「よし！　やるぞー！」ってなって。

実際にどう売るかなんですが、家の前の道で売ってもなかなか人も通らないし。そこで、まずは私がSNS経由で「丸ちゃんがはっさく売り出した」って投稿したら「欲しい欲しい！」って結構反応があって。まぁ普通に買うより値段を安く設定してるってのもあるし。「今日は△△の○○さんから注文があった。いまから収穫して、梱包して、お手紙つけてください」と知らせると、学校から帰ってきたらきっちりそれらをやるんです。

なんせ「仕事」だから、ちゃんと伝票書くのも覚えて。そうすることで、お金を稼ぐってことも多少なりともリアルに感じられるし、しかもお客さんからお礼の手紙が届いたりするから、またそこに返信したりして丸慈が他者とつながるっていうか、コミュニケーションが広がってゆく。何か彼なりに確かな手応えは感じているようなんです。

基本、私は子どもにあまりおもちゃとか買い与えないし、っていうか自分自身、消費するのが嫌いで。でもだからといって、子どもが欲しいものが何も手に入らないのはかわいそうだから、そこは自分で稼いだお金で買ったらいいってことにしたんです。

アサダ　それすごくいいですね。下世話な話だけど、実際どれくらい稼いだの？（笑）

茜　だいたいワンシーズン（一～二月）で、万は稼いだかな。

アサダ　おお。やるやん、丸慈くん。

茜　価格設定もすごい考えさせたんです。スーパーではどれくらいで売られているのか、私と一緒に見に行って、世間ではどういう流通システムになってるかも勉強して。そんなことしていると埜良も「いいなぁ、お兄ちゃんばっかりずるい！　私も売りたい！」ってなって。それで「埜良ひじき」っていうのも始めたんですが、海で取ったものを漁業権がない人が勝手に売ってはダメだって、地元の親切な漁師さんにたしなめられて、断念しました（苦笑）。

アサダ　そういった「仕事」という発想で子どもの世界を広げるっていうのは、そもそも何からヒントを得たんですか？

茜　実はモデルがあって。大島で漁師をやっている藤本純一さんと小学五年生の息子さんの樹来人《じゅらと》くんとの出会い【＊1】がとても大きいんです。クリスマスが近くなって、自分の子どもに何買ったらいいか、サンタさんがどうのこうのって話をしていたら、純一さんが「うちの子にはサンタは来ないよ。子どもには自分で稼いだお金で買えって教育してる」って冗談交じりに言っていて。それで、樹来人くんが魚を釣るっていうのは知っていたし、「だったら私の家に魚を売りに来たら？」って誘ったら、すぐに来てくれたんです。

軽トラで純一さんと一緒にやって来たんですけど、なかなか家に入ってこない（笑）。たぶん純一さんは樹来人くんに「ひとりで売ってこい」って言ったんでしょうね。でも五年生の子が知らない人の家にひとりで魚を売りに行くってやっぱり恥ずかしかったみたいで、何度も玄関の前に来ては軽トラに引き返して。それで純一さんに「一緒に行ってもいいけど、分け前は半分やぞ」って言われて、「それやったらひとりで行く」と、ようやくピンポン鳴らしてね。

純一さんとしては、「お前の魚やから、お前が考えて自分で値段もつけて交渉してこいよ」ってわけなんです。樹来人くん、すごく立派な一kgくらいあるタコを一〇〇〇円にしてくれて、カワハギは二匹で五〇〇円にしてくれた。都会でしか生活してこなかった私には、

長男の丸慈くん（右）が始めた「丸ちゃん農園」ではっさくを売る、
長女埜良ちゃん（中）と次女うねちゃん。

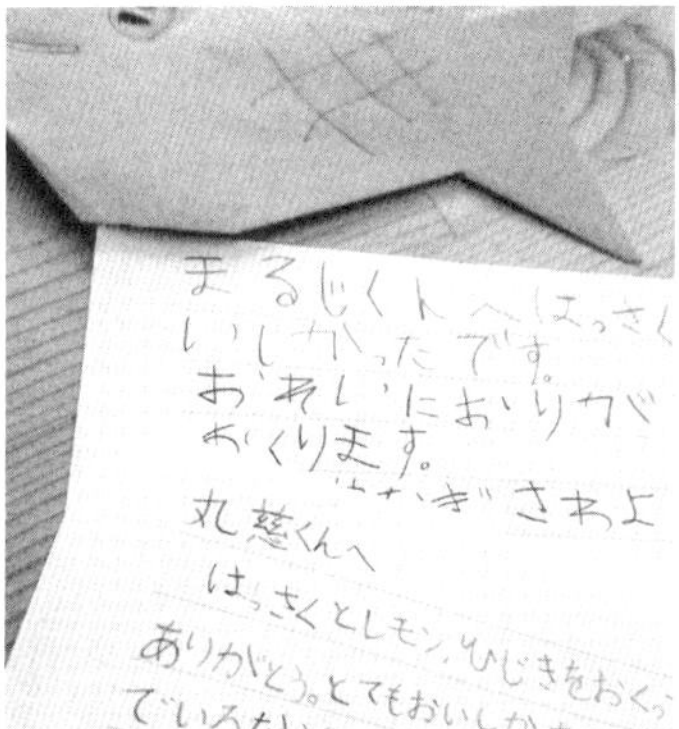

はっさくのお礼として
丸慈くんのもとに届いた、
子どもたちからの手紙と折り紙。

はっさくを運ぶ丸慈くん。

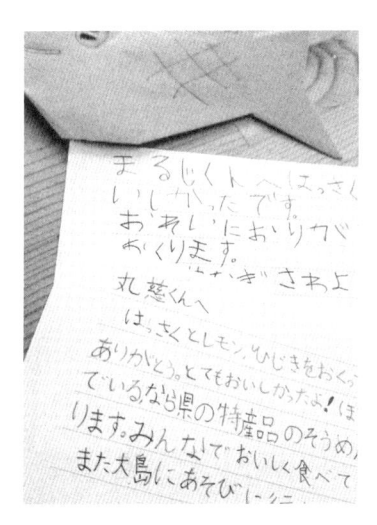

その価格が妥当かどうかは知識がない。だからお互い納得できる交渉をするためにも、ちゃんと彼にどういう考えのもとでその値付けをしたか、それを伝えてもらうよう純一さんに言ったら、「ちゃんと樹来人に理由まで説明させます」と。

それでタコはスーパーだと一九八〇円くらいするんですが、思いきって一〇〇〇円と半額にすることで相手に喜んでもらいたいと。一方のカワハギはそれほど大きくないけど一匹二五〇円にしたのは、なかに肝がぎっしり入っていてよく肥えているからその値段だと。実際に、食べてものすごく美味しかった。言ってくれたとおりに肝がすごく入っていたし、彼が実際に食べて決めた値段だってことも納得できた。タコを安くしてくれた気持ちもすごく嬉しかったし、これは今後も売りに来てくれたらいいなって思える交渉だったんです。

純一さんは私に「子どもやからって遠慮しなくていいから、容赦《ようしゃ》なく値切ってくださいね」と言ったんです。「言われたそのままの値段で買ったらいけないのかな……」ってちょっと思った。おそらく、お金をさらっと出してほしくないんだろうなと。教育の場として私に何かを期待しているのがわかったので、これがまた結構プレッシャーでね（苦笑）、悩みましたね。

でも、純一さん自身が、その時々に相手と信頼関係を築きながら、今後のマーケットや漁師という生業の未来までを想定して値付けをしているって知ったときに、その父親の背中を見ながら成長していく樹来人くんは、きっと漁師になっても、仮にならなくても、この取り組みは彼の今後の人生にすごく生かされるだろうと強く感じたんですね。こういったことが、もし自分の子どもに対してもできたなら……。それでひねり出した結果が、「丸ちゃん農園」だったり「埜良ひじき」なんです。

夫婦のカタチ、家族のカタチに「答え」はない

アサダ　家族の現状がすごく伝わってきました。どんどん島に根付いていく反面、テツさんとの距離が離れていく、そんな心配ってないですか……？

茜　そうですね……。お父さんに対して子どもから「さみしい」って話はあんまり出ないかな（笑）。なんせ大人が多いから。じいじ、ばあば、おじさんもひいばあちゃんもいるし、四世代。これは子どもたちにとってすごく贅沢な環境だと私は思っていますし、なかなかいことだろうと。

とはいえ、私もこの先、ずっと何十年も旦那と離れて暮らすかって言われたらモヤモヤするところはあります。「何年離れたら家族としてダメか」っていう決まりがあるわけじゃないし、でも「家族なのにずっと離れているってのもどうなの？」とは思う。もちろんそうい

う家族があってもいいとは思うけど。だからといって仮に「三年後」って決めたとしても、子どもの成長は早いから「本当にそれでいいのか？」って思う。だから半年とか一年単位で「まだ来年もこのスタイルでいけそう？」っていうのをお互い確認する機会はこまめにあった方がいいと思っています。

夫婦っていうのも実にいろいろ。例えばうちの両親からは移住する際に「離れて暮らすなんて信じられない！」って言われたんですよ。「あなたたちのことだから関係ないけど、私たちはそのスタイルは絶対無理！　そういう夫婦関係ってありなんだ……」ってね。父母はあんまり会話とかしなくてもくっついていればいいって感じの人たちだから（笑）。

アサダ　夫婦は一緒にいることに意味があって、何話すかなんて二の次だと。

茜　そうそう。人間も動物なんだからそういうもんだと。逆に私たち夫婦は物理的に離れていても精神的につながっていたり、同じ話題で盛り上がれたりすることで絆が保てている気がします。おそらく私とテッちゃんは似た者同士だと思うんです。かなり感覚が近い。そりゃ細かいことは違うけど、なんか奥深いところでは似ているなって思えるから、表面的な違いではしょっちゅうけんかしているけど、意外とわかり合えていると思ってきました。

例えば、「子ども」とか「家族」に関しては、テッちゃんは前に勤めていた大学のときに、子どもにまつわるあれこれを語り合うサロン【＊2】を開いたり、子どもについてのインタビュー集【*3】を発行したり、私は私でこの島に来て、家族とか島の生活をテーマに語り合う「しまローグ」【*4】っていうのを企画したり、お互い問題意識は共通していた。「このままでいいのかな？」「もっと違うあり方があるんじゃないか？」みたいなね。

だから離れていても「お互い何を考えているかわからなくなる」みたいな根本的な心配はほぼしてないです。それはいろいろな修羅場をくぐり抜けたうえでの関係性だからかもしれないけど。そういう信頼関係がないと、離れて暮らすことに不安要素があったり、お互いに不信感があれば、その感覚って悪い方向に膨らんでいってしまうからね。それは避けたい。だから移住する前にかなり確認し合ったんですよ。「お互い何をしているかわからない部分が増えるけど、でも根っこにある信頼は失わずにいられそうかどうか」とね。

アサダ　ほんとそうだと思う。何か根っこにある「ここは二人ともかなり大切にしてきた価値観だよね」みたいなところを、物理的に離れていても保てるコミュニケーションがあるかどうか。そこは大前提としたうえで、実際この三年の別居生活で、夫婦関係に具体的な変化ってありました？

茜　ぶっちゃけけんかはめちゃくちゃ減りましたね。両親が大阪に来てくれる前の時期や、埜良が生まれる際の長期入院の時期など、ほんと諍いが絶えなかった。しかも子どもの目の前でね……。

アサダ　丸慈くんはそれを見ているし覚えてもいるのか。

茜　そう、見ている。かなり壮絶なのをずっと見させてしまった。だからあの子にはかわいそうなことをしたなって思っていてね。私もテッちゃんと二人になると、私ばっかりが子どもに怒っているっていうイライラがあって。向こうが逆ギレしてさらに怒ってきたらもっとワーッとなったりして、でも両親がそこに入ってフォローしてくれたりね。

だからといってうちの両親は、教育とか子育ての方針とかそういったことには一切口出ししない。「そこは私ら関係ないから」ってスタンスでいてくれているからこそ、うまくいっているんだと思います。フォローはするけど口出ししないっていう絶妙なバランスでいてくれていて。

弟は三二歳なんですけど、いい歳こいて好きなことをやっているような不思議なおじさんが家族にいるって、ある意味、子どもたちにとっても理想だなと。みんながサラリーマンで決まりきった生き方ばっかりしている家族だったらね、もうそういう生き方しか子どもは触れることができなくなっちゃうけど、望は結構むちゃくちゃだから（笑）。でも、丸慈の宿題も教えてくれたりね。私はそういうの苦手だし。だから今はテッちゃんはいないけど、いい役割分担ができていると思います。

子どもを変える前に、親自身が変わることを楽しむこと

アサダ　茜さんたちを見ていると、「子どものため」に田舎に移住したっていうよりも、いい意味で「自分たちのため」に移住したって感じが伝わってきます。誠一さんも町子さんも望さんも、「自分たちのやりたいことをしっかりやる」ってことがまず前提にある。そのうえで、茜さんの子育てを全面的にサポートしてくれているわけで、子どもたちからしてみたら、「全力で好きなことやっている大人たち」が身近にいるって、僕はそれ自体がすごく教育的にもいいのではないかと思ったんだけど、それって都合のいい親のエゴかな？（笑）

茜　私はね、表面的には「子育てのために島に来ました」って言ってます（笑）。でもはっきり言って親のエゴ。子どもたちはそのエゴに付き合わされたってのが事実なの。特に丸慈はぶっちゃけこの田舎暮らしに合っていない。性格的にもね。でもだからといって、思い悩むことも私はしないし、「お前の運命じゃ！」くらいに思っているんですね。埜良には合ってるし、うねには……みたいにそもそも三人もいると全然違う。微調整はするけど、どこまでいっても基本は親のエゴだと認めています。

逆に、「お前のためにここまでやってやったんだぞ」って姿勢は、恩着せがましいし、親

子双方にとってしんどくなるんですよ。私は父と母のこれまでの人生を無駄にしてきたという負い目も多少あって。もちろんこれは後からじわじわ感じてきたことだけど。だから自分の子どもたちには、「お前たちのために田舎に引っ越したんだ」みたいなことは感じてほしくないんです。実際、それは親にとってみれば半分嘘でもあるし。

私が大阪に残ってワンオペで三人育てるってなっていたら確実にすごいストレスを溜めて、それで子どもたちにその怒りがいって、それでも「お前たちのために私がこんだけ頑張ってるのに！」みたいになるのが目に見えていたから。そういった行き詰まった関係のなかでギリギリ成り立つ家族ってどうなのか。もっとそこはお互い自分の気持ちに正直にありたいと思います。

アサダ　子どもは親が「自分のことも含めてしんどくなってけんかしている」って、かなり敏感に察知する。うちのミコもそれで悲しい思いを何度もさせてきたと思うから、状況は違えど、感じることがいっぱいあります。

逆に言えば、子どもが自分で自分の道を決める意志をもち始めたら、例えば丸慈くんは中学校からは父親のいる大阪に出て行くって自由もあるだろうし。大切なのは、子どもを変えたいと考える前に、親を含めた僕たち大人たちが、環境が変わることを自ら受け入れ、自分たち自身が変わり続けることを楽しめるか。ここが大切なんじゃないかと強く思いました。

二日間、どうもありがとうございました！

「私」がこの「世界」とつながる術を得る

このインタビューは、茜さんたちが暮らす平屋、建設中の家や庭、車中、カレイ山展望公園、海岸沿いの大衆食堂、移住者が運営する素敵なカフェ、埜良ちゃん・うねちゃんが通う保育園、今治桟橋へ向かうフェリー乗り場など、島内各地を巡りながら行った会話を素材に再構成したものだ。移動しながらの取材だったためか、文字を起こし、編集するなかで、数々の島の風景が頭をよぎった。どの会話をどのシーンでしたか、僕は明確に覚えていたのだ。そのなかでも、宮窪の漁師たちの船が集まる海岸で茜さんが話してくれた、ある「原体験」を最後に紹介したい。

大阪の豊中に住んでいた当時、神戸にいるお義母さんからやまもものジャムをもらった茜さんは、その美味しさに感動し、あることを思いつく。いつも通勤で通っている最寄りの駅前の街路樹。あそこに梅雨のシーズンになっている実、あれは確かやまももではないか。現地で、こっそり実を収穫し、家に持ち帰り実際にジャムを作ってみた。茜さんはこの経験をこう振り返る。

「みんながいそいそと通勤している横で、誰にも見向きもされずひっそりとなっているその実は、〝誰のもの？〟って聞かれれば市のものとかかもしれないし、採ったらダメなのかもしれない。でも、その実を私が加工してジャムにして、それがとても美味しくて。なんだかその単純な経験で、私はものすごく叡智《えいち》を獲得した気になったんです。自分で身近な日常から何かを採取して価値を生み出す感覚。これは、私にとってものすごいターニングポイントでした」

「だから何だ？」って話に聞こえるかもしれないが、僕はこのエピソードは、「〝私〟というたったひとりの個人が、〝世界〟とのつながり方を発明した瞬間」として、とてつもなく大切なことだと思う。そしてこのことは、「大人」が最も忘れてしまっている感覚なのだ。

茜さんは、その後、毎年この季節を楽しみにし、駅前の街路樹だけでなく、各地でやまももを発見する「旅」をする。そしてその旅の経験は、言葉で言い表せないくらいの「幸福感」に包まれていると語ってくれた。

「私」が「世界」とつながる術《すべ》を得る。最後の最後に、はっさくのお礼として丸慈くんのもとに届いた、ある子どもたちからの手紙と折り紙（二三三頁参照）を受けての茜さんの言葉を紹介したい。

丸ちゃん農園の八朔《はっさく》、送った先の子どもから可愛いお手紙が届きました。自分には何がお返しできるだろうと、それぞれが一生懸命考えてくれて、ただのお金には代えられない特別な想いを返してくれる。

手入れした八朔が実をつけ、人と人を柔らかく繋ぐ。

商売としてやっているわけじゃないからできること、そんな考えは甘いのかもしれない……。

でもでも、ここから何か、何かが生まれる気がしてならないのです。

まだ言葉にできないし、お金に代わるシステムに置き換えることができないのが、とてももどかしい。

だって男の子が一生懸命書いてくれたこの手紙は、小さな女の子が折ってくれた折り紙は、どんなお金を積んでも買えない。それだけは事実。この幸せな気持ちを、なんと呼べばいいのかな。

（茜さんが二〇一八年四月二〇日に投稿したFacebookの記事より転載）

親が子どもと過ごすなかでなんとか編み出している創意工夫は、「子どものため」を思わぬ跳躍力で飛び越え、人生の根っこにつながる「問い含みの幸せ」として、私たち大人に必ず返ってくる。そう確信しながら、僕は自分の家族にどういう変化を受け入れ、前向きに楽しんでいくべきか。帰りのフェリーに乗りながら窓越しに見た引き波の泡の広がりのごとく、ブクブクブクブクと想像を膨らませる。

＊1　藤本純一さん・樹来人くん親子を取り上げたミニドキュメンタリー「島で育つこと〜漁師と、その息子」(二〇一八)を参照。企画を茜さん、撮影をテツさんが担当。
https://www.youtube.com/watch?v=Ew9ACk7iCrg&t=599s

＊2　大阪大学コミュニケーションデザイン・センター（CSCD）が主催した「子カフェ」のこと。例えば以下の記事を参照。
http://artarea-b1.jp/blog/2014/0618548.php

＊3　テツさんが編集・執筆を務め、大阪大学CSCDが発行した「こどもかぞく」という冊子のこと。とても良い内容で僕も影響を受けた。いまどこで手に入るんだろう……。

＊4　「しまローグ」は大島で開催される不定期サロンで取材時までに九回開催。テーマは、「島となりわい」「島と結婚」「島の防災を考える」「子育てで助け合えること 助け合えないこと」など幅広い。茜さんたちが運営する「大島KAI」のFacebookページを参照。
https://www.facebook.com/shimanami.oshima.kai/

第16章

新潟と東京での新たな家族生活へ。どんな場所でも“親”になる！（前編）

二〇一八年末、「風向き」が変わった。

次女ナルの理不尽な保活惨敗を経験し、ただでさえ（妻にとっては）縁もゆかりもない東京郊外の地で、誰にも会わずに自宅で仕事をしながら寂しさを募らせ、そして夫のたび重なる出張のしわ寄せとしてのワンオペ育児に追われ、妻はいよいよ「モタない」と切り出した。僕もこの状況に、出張先でも後ろ髪をひかれる思いが募り、眠れない日々が続き、一年半前の「決断」を悔いるようになった。あのまま滋賀にいた方がよかったのかもしれないと。でもあのときは当時の生活に希望をもてなかった。そして、実際に仕事は前にも増して順調だ。でも、その代償として家族はどうだろう……？　なんとかしなきゃと思った。

妻は、僕を責める口調でもなく、ただこう言った。

「お父ちゃん、アラフォー子連れでの新天地はキッイわ。もうちょっと若くてエネルギーもあったらね。それにミコだけやったらまだしも、赤子のナルもってなると、やっぱ無謀やったんよ」

「ホカッと家族」前夜

若くて、子どもがいなければ……。

そう。僕と妻はこれまで文字どおり「根なし草」だった。何度も土地を変え、働き方も変えてきた。僕らは二〇代後半だった二〇〇七年春から大阪市福島区のマンションで同棲を始めた。それまで僕は阿倍野《あべの》でひとり暮らしをしながら大阪市の文化事業のディレクターをしていて、妻は神戸のアパートでひとり暮らしをしながら元町にあるアートスペースの管理人を務めていた。付き合い始めて半年ほどで同棲を考え、阪神電車を使えば大阪にいてもそれほど職場が遠くならないからと、彼女の方が飼い猫のミドリ（オス）とともに、大阪に出てきてくれた。そして二〇〇九年春に籍を入れた。

大阪生活の間も、妻は神戸市が主催する芸術祭の臨時スタッフとして役所に勤務したり、大阪市の文化事業の事務局でスタッフとして働くなど、仕事を転々としてきた。僕が二〇一〇年からフリーランスになったのを機に、事務所も兼ねて福島区内のマンションからほど近い一軒家に引っ越した。ある日、その家のガレージオフィス（よく一階がガレージになっていてその上が住居の間取りってあるでしょ）で仕事をしていたら、ボロボロになった子猫が助けを求めて迷い込んできて、妻と相談して病院に連れて行った。結果元気になったが、さぁてこの子どうする？　となり、僕らの家族の一員になった。名をアム（メス）という。そして夫婦と猫二匹の生活が数年続いた（アムは二〇一三年に病気で、ミドリは二〇一六年に寿命で永眠）。

フリーになってからはありがたいことに仕事の依頼が各地から舞い込むようになった。東京や滋賀や東北や海外など、関わる土地が飛躍的に増え、「移動」が日常になった。いままで関わることのなかった地域コミュニティに「アーティスト」という謎の第三者として入り込み、地域住民と商店街の空きテナントを活用したトークイベントを開いたり、まちの魅力を再発見するツアープログラムを企画したり、小学校で児童も先生も親も同じ目線で楽しめるワークショップを実施したり。そんなことを日々積み重ねるなかで、「地域」とか「土地」とか「コミュニティ」といったものに対するまなざしの解像度はどんどん上がっていったと思う。しかしだ。その一方で、足元を見つめれば……、どうだ？　大阪にいる時間、つまり妻と暮らす自宅にいる時間が圧倒的に減ってゆき……（だからこそ第11、12章で取り上げた漆さんが、自らが暮らす足元に仕事をぶっ込んだ勇気は尊敬に値する）。

そして、この頃から「子ども」という言葉が妻の口から頻繁に出るようになり、僕も「そろそろか」と意識するようになった。でも時間的にすれ違いも多く、「で、どうしよう？」ということをなんとなく切り出せないままに僕は「一週間、東京に行ってくるわ」などとなかば逃げるように外へ出ていた。理屈を言えば「個人のやりたいことを根っこに置いた家族生活」であればいいと思っていた。でも、それだけだと何のために「一緒」に暮らしているんだろう？　僕もそう思っていたし、妻はもっと根本的なレベルでそう思っていたと思う。

そんな折、転機が訪れる。妻がスタッフを務めていた大阪市の文化事業が、「維新の会の府知事・市長W選挙圧勝」を受け、突如終了となったのだ。僕も関わっていた事業だけに悔しかった。大阪市の仕事をそれなりにやってきた立場としても、失職するスタッフの夫という立場としてもやるせなかったけど、「子ども」という将来を考えるためにも、「大阪を離れて、環境を変えてみよう」と二人で話し合った。そして、二〇一二年の初夏、滋賀県大津市の琵琶湖のほとりにある長屋に夫婦と猫二匹で転居した。

妻は、「こんなこともあったたし、しばらく仕事はええわ」と言いながら、前々から関心があった学童保育のスタッフとして働くことに。子どもたちと触れ合い走り回る日々を送るなかで、妻はだんだん元気になっていった。僕も関西での仕事のベースが大阪から滋賀へと移り、相変わらず出張は多いけど、自然も豊かなこの土地での生活バランスがなんとなく板についてきた。

それでも、「子ども」のことは未解決で。歳だけとっていくなかで、とりわけ妻の焦りが加速していった。そして二〇一三年の年始、妻は僕にこう言った。「なんのために一緒にいるのか、なんで環境まで変えたのに子どもについて真剣に考えてくれないのか、わからない！」と。僕は僕なりに、本当に僕なりにとしか言えないけど、「子ども」については考えてきた。でも、一言で言えば、怖かった。大好きな仕事ができなくなるんじゃないかって。自分には趣味もなく、好きなことはすべて「仕事」にからめてきたので、だからこそ自由奔放に立ち回ってこられたのだけど、それができなくなるんじゃないか。「土地」に縛られるんじゃないか。「家族」という関係性のなかに閉じ込められるんじゃないか。それがただただ怖かった。本当に身勝手だけど、当時の本心だから仕方ない。このときの妻とのやりとりでは「もう無理かもね」と離婚の話まで出た。でも結局、その場で結論は出さないまま、僕は仕事で家を後にした。

仕事帰りの電車で僕はあるメールを見返していた。姉貴から二年前にもらったメールだ。僕には姉貴が二人いて、一〇歳上の長女の姉貴は昔からものすごく活発な人で、二〇歳でワシントンの大学に留学して以来、東京で黎明期のマイクロソフトに勤めたり、ニューヨークで旅行会社に勤めたり。そしてアメリカ人の男性と出会い結婚。プログラマーだった旦那さんの影響もあってか、ウェブデザイナーとして活躍し、現在もサンフランシスコに暮らしている。

姉貴には二人の子ども（中学生と小学生）がいるが、不妊でかなり悩んでいたことは僕もなんとなく知っていた。というのは、彼女が子どもを授かるまでの数年は、別人かと思うほどにそれまでのアクティブさが失われ、あからさまに心身ともにしんどそうだったから。だから子どもができたときは「姉貴、良かったなぁ」と心から祝福した。そんな姉貴からもらった長いメール。子どもを授かるまでの過程と、子どもができたからこそ開けた人生について書かれたそのメールの内容を要約すれば、「子どもができる前にこだわっている〝幸せ〟と、できた後に見えてくる〝幸せ〟は根本的に違うから、どうか現在の基準の幸せのみに縛られず、チャレンジしてほしい」ということだったと思う。もらった当時は「ありがたいけど重いわぁ……」と感じたけど、二年ほどして改めてこのメールを読み返してみたら、なんか響くものがあった。それで覚悟を決めて、家に帰って妻に「さっきはごめんな。もう少し頑張ってみよか」と伝えたのだった。

二〇一三年三月。妊娠検査薬が陽性を示した。二人で「キター!!」となりつつも、早とちりはしたくないので、急いで産婦人科に行くことに。海外出張のため空港にいた僕に、妻から検査結果が伝えられると、これまで味わったことのない幸福感をじわじわと噛みしめることとなった。そして二〇一三年一一月、長女ミコが産声を上げたのだった。その後のことは、この本を通じて書いてきたとおりだ。

私たちならではの「家族のあり方」再考

冒頭の昨年末のやりとりに戻ろう。

夫婦二人とも考えていたのが「妻の郷里の新潟県妙高市に家族のベースを置き、夫は東京で仕事をしながら新潟に通う」というスタイルだった。もともとこの案は東京行きの議論の際にも、次女ナルの妊娠発覚後に選択肢として挙がってはいた。でも、そのときは「家族が一緒にいること」に妻がこだわり、僕もそれこそが第一優先だと考え、みんなで東京行きを決断した。でも、「一緒」って何だろう？　どこに住んでいても、僕はそこにいないことが多く、そんな「移動メインのワークスタイル」がすぐに変えられないなら、「どれだけ一緒に過ごすか」という「量」より、「どう一緒に過ごすか」という「質」の話にシフトした方がいいのかもしれないと考えるようになった。

それと同時に、そもそもその一緒にいるべき「家族」をどの範囲で捉えるか。父、母、長女、次女のいわゆる「核家族」？　でも実際は、僕が長期出張の際に新潟からちょくちょくばあばや伯母さん（妻の姉）が来てくれているし、ミコはナルの里帰りの際に三ヶ月も新潟で過ごしている。新潟の実家の協力も含めた新たな家族の形をもう一回考え直した方がいいのではないか。

この本で取材した北海道石狩市の漆家が核家族化を避けるために意識的に続けている三世代同居（夫の実家でともに暮らす）という、一見「典型的な大家族」というあり方の意味を、この現代において問い返すこと。

愛媛県今治市大島の久保田家（林田家）の新天地への移住（妻とその実家が子どもたちを連れて何の縁もない離島に移住し、夫はもともといた大阪から家族のもとへ通う）という、一見かなりアクロバティックでありながらも「そもそも、ひとつとして同じ家族像などない！」という当たり前の事実を感じさせてくれること。

などなどを思い起こしながら、私たちならではの「家族」、そう、変化を受け入れつつもサステナビリティも兼ね備えた家族のあり方を探るための作戦会議を行うことになったのだ。

新・家族生活ガイドライン

二〇一八年の年末から二〇一九年の年始にかけて、新・家族生活のガイドラインを立てた。以下、その概要。

（1）まず妻が現地で仕事を得ること

妻が出してきた第一条件がこちら。いくら実家にいろいろと協力してもらうとしても、自分が働かないのでは居心地が悪いし、そんな理由がなくても、もっとシンプルに、仕事を通じて社会参加したい。それに家族が二拠点に分かれるってことは以前よりも生活費がかさむ可能性高し。ちょっとでも稼げた方が安心よね、と。それで地元で彼女がやってきたアートマネジメントの経験を生かせる仕事はないかと探すことに。

ここは、全国で仕事をしてきた夫のネットワークを使わない手はないだろうと、妙高市のお隣の上越市でつながりのある社会福祉法人が、以前から障害のある方のアート活動に力を入れていたこともあり、妻を売り込むことにした。先方もちょうどいい人を探していて、とりあえず見合い状態までは漕ぎつける。あとは、お互い条件が合うかなので、そこから先は一切関与せず状況を見守ることに。と書くと、僕のコネありきみたいに聞こえるが、そもそも滋賀県にいたときの妻の仕事（ミコが保育園に入った際に就職した職場）は、社会福祉法人で障害のある人たちが行うアート活動のマネジメント補助。はっきり言ってめちゃくちゃニッチな仕事なのに、偶然にも妙高の実家から車で三〇分くらいの上越市に同じようなことをやっている法人があるのだから、彼女の才能と経験を考えれば、どのみちそこに売り込むしかないわけで。

ということで、まず妻の仕事に関して種をまきつつ、同時に……

（2）実家への協力要請

「仕事の目処《めど》がなんとなく立つんじゃないか」という状況にしておいて、次は実家との交渉だ。いくら親子の関係とはいえ、また、いくら東京での生活が大変なのをわかってくれているとはいえ、愛くるしいけどやっぱり騒がしい孫たちが日常的にちょこまかしている状況を受け入れてくれるのだろうか……？　年末、一足先に実家に帰省した妻から「感触悪くなかったよ！　こっちだと車が絶対いるから買うって話をしたら、お父さんがいま乗っているやつ譲ってくれるって！」とトントン拍子に話が進み。内心、僕としては「東京での生活で家族を守りきれなかったダメ旦那」としてお叱りを受けるのではないかと相当ビクビクしてたんだけど、われわれを大きく包み込んでくれたお義父さん、お義母さん、そしてお義姉《ねえ》さんに思いっきり感謝。

さて、この（1）と（2）が見えてきたあたりから、ちらほら娘たちに「新潟行き＋父だけ東京に残る案」について話し始めるように。「まだ決まってはないけど、どう思う？」と。まだ1歳のナルはさすがにニコニコしてるか泣いているかのどっちかだが、5歳のミコはもうこのことの意味はよく理解している。ミコはこう言った。

「パパと別れるのは寂しいけど、じいじとばあばの家は広いから好き！」

うーん、そうねぇ、じいじとばあばの家は確かにめっちゃ広いもんねぇ……（笑）。いやはや、言葉の表面だけ受け取るとこういうことだが、もちろん彼女はもっといろんなことを考えていて。パパとはどれくらい会えるのか。保育園のお友達と別れるのは辛いけど、新潟ではナルちゃんと同じ保育園に行けるのか。じいじとばあばの家に住むことになるのか（その時点ではまだはっきりしていなかった）などなど。そのあたりを妻と相談し、ミコが心身ともにストレスを感じないよう配慮をしつつ、次の段階へと進む。

（3）ミコとナルの保育園探し

仕事の目処もなんとなく立ち、実家の協力も仰げるとわかったら、次は娘たちの保育園だ。これまでさんざっぱら親の都合で各地を連れ回されてきた彼女たちがのびのびと幸せに過ごせる保育園ライフについて、まず当事者である長女ミコに聞いてみた。保育園に関しては前述したとおり、「妹ナルと一緒の保育園に通えること」がミコの第一条件だった。これは親としてもぜひ叶えたいとずっと思ってきたこと。しかし！　ナル出産の里帰りの際にミコが三ヶ月通った保育園はすでに1歳児がいっぱい。ここでも入れないとは……。

それで実家近辺で探したところ、姉妹ともども入れる保育園があるという。さっそく、妙高市役所のこども教育課に電話をしてみる。その「みょうこう保育園」（仮称）では、未満児（0〜2歳児）の受け入れは「生後一年六ヶ月後から」という条件があった。ちなみにナルは二〇一七年一一月生まれなので、保育園に通えるようになるのは二〇一九年五月からとなる。それでよければ、実家の近くにあって（近くといっても田舎だから車がいるんだけど）かつ姉妹一緒に通えると。田舎ならではのとてものびのびとした環境で、かつ昔ながらの公立保育園ということもあり、先生もベテランが多く、安心感も高い。とはいえ、仕事が「正式」に決まらないとミコはまだしも（幼稚園的機能も兼ねているので、3〜5歳児は親が仕事をしていなくても預けることができる）ナルは預けられないので、ここからが妻の就職活動も本番だ。

それと同時に、そもそも私たちはどこに住むのか？　ということで……

（4）住まいを決める

結局、選択肢は「実家に住まわせてもらう」か「実家近くで家を借りて実家と行き来する」の二択。前者は、もちろん助かることも多いし、実際実家は広いので部屋をあてがってもらうこともできはなくはないが……。でもここは正直なところ、お互いの「距離感」が大切。妻は「実家とはもちろん仲も良いし、みんな協力的だけど、私ももう二〇年以上離れているし、子どもがいる状態で地元に戻るのは初めてだから、私たちは私たちの家があって、通い合うって方がお互い健康的だと思うのよね」と。それには同感、というか、それは僕が同意するどうこう以前に、妻が一番気持ち良く過ごしてくれる環境を優先しないとバランスを崩す可能性だってある。でも、あまり物理的に離れた距離で暮らしてしまうと、そもそも新潟に住む意味がなくなってしまう。だから「近居」で、かつ「保育園も近く」「職場にも負担なく通える」、このバランスで物件を探さなくては。

さらにもうひとつ大切な条件があった。それは雪国ならではの「除雪」という問題だ。雪深い地域はとにかく雪下ろしが大変。それを冬場、夫がいないなかで日常的にやるのは無理！　一軒家の空き家は結構あったけど、「除雪機能がしっかりついている集合住宅」が絶対条件だった。そうなると、もうだいぶ絞られてくるわけで。あと、これは大した条件ではないけど、僕が新潟に通うときにいちいち車で送り迎えしてもらうのも申し訳ないので、最寄りの駅から徒歩圏内であればなおのこといいと。最終的には、実家から車で五分くらい、かつ最寄り駅から徒歩一五分くらい、かつ偶然にもみょうこう保育園の真裏という好立地のアパートが見つかり、そこを借りることに決定！

物件が決まればあとは引っ越す時期だ。そこはナルがみょうこう保育園に通えるタイミングと妻の仕事が始まるタイミングなどを考えれば自ずと絞り込まれていった。出した結論はロングゴールデンウィークの中日の五月一日。なんにも意識してなかったけど、世間的には記念すべき令和元年初日に決まった。

で、夫（僕）はどうすんの？

「仕事」「実家の協力体制」「保育園」「住まい」とようやく四つが出揃ったところで、残されたのは「夫はどこに住むのか問題」である。東京近辺であるのは間違いない。前々から（東京移住前から）ある程度わかっていたことではあるが、この二〇一九年から僕は品川区

で新しくオープンする障害者福祉施設で、障害のある人と地域住民とを文化的な企画を介してゆるやかにつなぐ、コミュニティアートディレクターなる立場に就任する予定だった。これは二〜三年で終わるような事業ではなく（たぶん）、かなり長期戦だ。今年で四〇歳になる僕としては、この仕事にこれまでの各地での経験を惜しみなく注ぎ込もうと、相変わらず移動はあるにせよ、東京をメインの拠点として頑張る覚悟を決めていた。だから、東京近郊に住むことに変わりはないんだけど、問題はいま家族といる小金井市にそのまま住み続けるかどうかということ。

これはかなり悩んだ。一〜二月の時点では、「小金井優勢」だった。ただ品川の現場は小金井から電車で一時間半ほど。週のうちそれなりに通うことになるだろうこの現場に満員電車に乗って往復三時間かけて通い続けることはできるだろうか。でも、その苦労を差し引いても、小金井で仲間、友人と呼べる人たちがそれなりにできたので離れがたかったのだ。それに、僕自身ひとり暮らしになるわけで、単純に「寂しい」だろうと。関西と東京の二拠点で生活していたときは、あくまで「家族がいる関西（大阪や滋賀）」がメインであって、サブとして東京のシェアハウスにいるというスタイルだったが、今回は違う。東京でのひとり暮らしがメインとなり、妻も「お父ちゃんが孤立して、酒浸りにならないように！」（ぶっちゃけ飲まない日はないので……）ということで、「小金井にいられるんならそれもいいよ

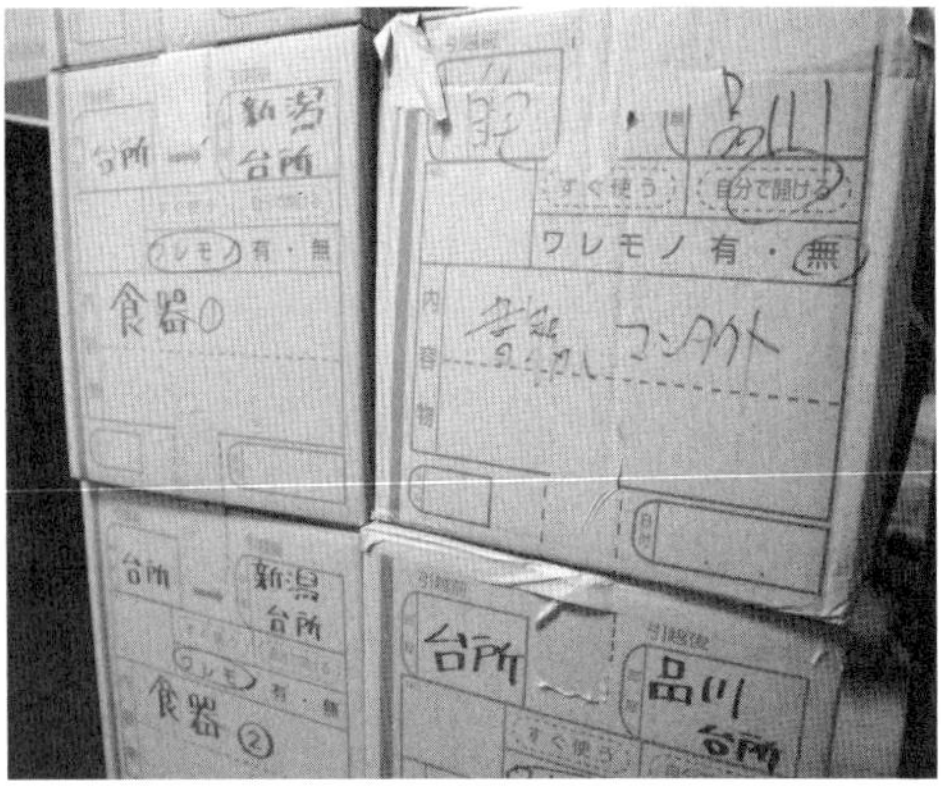

令和元年5月1日の引っ越し。新潟と東京の二拠点に分かれ、新しい家族のスタイルへと突入した。

ね」とは言ってくれた。でも「小金井は品川にも新潟にも遠いのよね。あんたの性格的にすぐ音《ね》を上げそう」とも……。

ただ、小金井に残るとしてもいま住んでいる家は嫌だった。だって二年にも満たない短い期間とはいえ、娘たちとの思い出が染みついたこの家に、ひとりで住むのは辛すぎる……。さすがに、俺、そんなにメンタル強くないわと（苦笑）。それで、小金井で事務所も兼ねられる物件で、いまよりも安くていいところあるかなと、友人たちにあたったりして、決めかけた物件もあったのだが、最終的にうまく折り合わなくて。そうこうしているうちに、品川の現場付近にちょくちょく打ち合わせに通っていくなかで、「ああ、もういっそのこと品川に住むか……」という気分へと傾き……（妻は本当に僕の性格をよく見抜いている）。大変名残惜しいが、小金井に別れを告げ、品川区内で物件を探すことに決めたのだった。

妻と相談し、具体的にどれくらいのペースで新潟に通えるかシミュレーションした。僕の仕事の予定もあるが、家計的なこともある。なんせ、妙高と品川、二拠点のアパートの家賃プラス僕の新幹線（ときにバス）往復代だから、都内のまぁまぁ便の良いところで四人家族が暮らせる物件を借りるくらいの支出は覚悟しないといけない。結論としては「主に金曜の夜に到着して日曜の晩に帰るか、土曜の夜に到着して月曜の晩に帰るパターンで、二週間に一度二泊三日で通う」ことになった（まるで久保田家のよう）。とりあえずこれでやってみよう。しかし、数年前に北陸新幹線の上越妙高駅ができてなかったら、この二拠点案は絶対ありえなかったわと、ＪＲさまにも感謝……。

こうして、最後の課題（お荷物）だった、「夫はどこに住むのか問題」もなんとかクリアし、令和元年五月一日の、新潟妙高、東京品川への二拠点同時引っ越しの日を迎えたのだった。

第17章

新潟と東京での新たな家族生活へ。どんな場所でも“親”になる！（後編）

はい、ついに本書も最終章がやってまいりました。読者の皆さん、ここまでよく読み続け、支えてくださいました。改めて感謝を申し上げつつ、今回は淡々とこの間の近況報告をし、本書を終えようと思います。東京都品川区と新潟県妙高市を行き来する生活をこの五月から始めて三ヶ月ほどが過ぎた。慣れたのか、慣れないのか、正直なとも言えないのだけど、少なくとも妻と娘たち（と妻の実家のじいじとばあばと伯母さんも助っ人参加）の「チーム新潟」と、夫がひとりで暮らす「チーム東京」とが合流するペース感や直接会わずとも連絡を取り合うペース感も含め、「こんな塩梅か」というのはつかめてきたかな。

お互い「寂しさ」を乗り越えて……

二週間に一度二泊三日で妙高市に通い、東京にいる間は娘たちとビデオ電話をし、妻とは子どもたちのことを軸に、お互いに生活で気づいた何気ないこと、あと仕事の情報交換などをメールでやり合う日々。離れているからこそ、妻とは以前よりも密にやりとりできている気もするし、いまのところ大きく意見が分かれることもなく、お互いを気遣いながら良好な関係を築けていると思う。

でも、やはり娘たちとは直接会う頻度が明らかに低くなったので、それは端的に言って僕も寂しいし、何より僕にべったりな5歳の長女ミコが露骨に寂しがるのは辛くて。新潟から東京に戻る際、アパートの玄関口で毎回「パパー!」と泣きじゃくるミコ。東京には、終電で戻るパターンと、早朝に戻るパターンとがあって、どっちがミコにとって辛くないかここ数回試してみたが、結論

妙高山が拝めるアパートの裏の野原にて。

から言えばどっちも変わらなかった。早朝のときは五時半にはアパートを出るので、まだ寝ているミコを起こすのもなぁ……と思いつつも「帰るときは絶対に起こせ！」と寝る前に何度もご本人がおっしゃるので約束どおりに起こしたら、眠いのに起こされた不機嫌さと父がいなくなる寂しさが綯《な》い交《ま》ぜになって大泣き（笑）。それで「朝は辛いから夜に帰ってほしい」と言われ、夜に帰るようにしてみたものの、結局帰る一五分くらい前から徐々に辛くなってきて、最後は堪えていたのも限界で大泣き（笑）。

いやはや笑いごとではなくて、もう「（笑）」とでも書いとかへんと俺もマジで辛い！「ビデオ電話もするからさ、もう泣かんといて」と言ったときの「ビデオじゃ、パパとタッチもぎゅっともできないからイヤだ！」という返しにはこっちも撃沈。最寄りの駅まで街灯が少ない道を大の男が頬を涙で濡らしながらとぼとぼ歩き、たまに通る車のヘッドライトで照らされたらもう、情けなくて顔を覆ってしまうというありさまです。

で、さっき「端的に言って僕も寂しい」と書いたけど、実は自分でも意外な感情だった。僕は元来、「ひとりでいること」がまったく苦でなく、むしろだいぶ好きな方で。子どもがいるということはそりゃ面倒なことも多々あるし、だいたい、家にいて自分ひとりの時間なんてとれるわけがないから、だからこそ「ああ、たまにはひとりで Amazon プライムで映画でも観たいなぁ……」とかしょっちゅう思ってきたんだけど、改めて「ひとり暮らし」になってしまい、実際にわざわざそのために購入した五五インチモニターで大好きな韓流クライム映画をちょくちょく観る日々を送っていたら……。最初は良かったんだけど、だんだん、みぞおちがキューッと締めつけられるような気分になってくるというか。

鈍感すぎて最初はよくわからなかったのだけど、「ああ、そうか、これが〝孤独を感じる〟ってやつか」と思ったわけ。最初の一ヶ月半くらいはそれが続いて、最近はだいぶその生活にも慣れてきたけど、自分でも本当に意外だった。「いままで知らなかった自分を見出した！」って感じ（笑）。（いや、だから笑いごとちゃうわ！）

新・保育園ライフ。「自由」に慣れろ！

そんなことばかり書いていると湿っぽいラストになってしまうので、保育園の話から始まったこの本としては、やはり娘たちの新しい保育園ライフ、とりわけミコの変化に触れたいと思う。

このたびミコのたっての希望である「妹ナルと同じ園に通いたい」がようやく実現し、運良く家から徒歩三分、じいじばあばの家からも車で五分ほどの保育園に通ってらっしゃいます。田舎の歴史ある公立保育園というイメージぴったりの年季の入った園舎には、かなり自由な空気が漂っていて、子どもたちはどろんこ遊びをしたり、畑で野菜を育てたり、園備えつけのしっかりとしたプール（小金井にも大津にもそれはなかった）を堪能したり、近くの川で沢登り（結構ガチなやつ！）をしたり、お友達の輪が広がりつつ、いつも姉妹一緒に戯れられることにも喜びを感じているよう。

また、保育園だけでなく、同じアパートに住む同じ組のお友達の年上のお姉ちゃんたちともさっそく仲良くなったり。これ、東京ではなかなかなかったんよね。子どもがいるご近所さんと挨拶はするんだけど、なかなかパッと一緒に「遊ぼうよ」ってどっちの子どももならないというか。それは完全にお互いの親にその余裕や耐性がないからってことなんだけどね。でもこっちでは引っ越しした初日から、駐車場でお隣のお姉ちゃんにキックボードを貸してもらったり、最年少ということもありナルはみんなに超ちやほやされ三輪車を押してもらったり。僕が滞在しているときに保育園から帰ってきたらさっそく、「ミコちゃん、ナルちゃん、あーそーぼっ！」とピンポン連打（笑）。子どもたちの「本来の距離感」ってきっとこんな感じなんよなぁ。

また、こっちの保育園は先生が家庭訪問をしてくれるんだけど、そこでミコの保育園での普段のふるまいで親が気づいてなかった大切なことを知ることに。題して「ミコが〝自由〟に慣れていない問題」。

小金井の保育園ではかなり細かく時間割があり、その時間にやっていいこととダメなことが大方決められていた。さらに、ミコの元来の性格（慎重派でわりとビビり。ナルは逆に大胆突進系！）もあってか、「自由あそび」の意味がよくわからないというか、ほんとに自由に好きなことをしていい時間なのに、いちいち先生に判断を求めたり、お友達と少し揉めたときも自分でその相手の子に話さず、先生にいちいち報告して解決を求めるところがあるらしく。

とにかく、一日の予定がはっきり見えないと不安みたいで、「これは何をする時間」ってのをはっきりさせたいらしい。そう言われてみれば……、思い当たることもちらほら。家族でどこかに出かけていても、「あと何分くらいでどこどこに着くのか？」とかやたらしつこく聞くし、音楽をかけていると途中から「次の曲はこれ！　その次は……」と指定するし、なんか「決まっていることとの安心感」を求めているというかね。

逆に大津の保育園（ここもわりと時間割がはっきりしていた）でも、小金井の保育園でもそういったミコの性格を先生に指摘されることがなかったというのは、環境上、全体的に「そういうもん」だったからとも言える。「自由あそび」という言葉を使っていても、園によって、またその園が位置する地域性というか風土によって、その「自由」が「ほんとにどこまで〝自由〟なのか」っていうのは違うわけだ。それはこれまで親としても気づけなかった点で、妻からこのことの報告を受けた際はかなり考えさせられた。

それで、先日の滞在時に親子遠足があり、妻は仕事だったので僕とミコで参加したんだけど（妙高高原でパン作り！）、その際に担任の先生とお話しできるタイミングがあって。ミコが地元のゆるキャラを模した滑り台で遊びまくっている合間に「最近、ミコはどないですか？」と尋ねたら「ミコちゃん、頑張ってますよ。最近は特に指示を求めることもなく、自分でちゃんと考えて行動できるように、ずいぶん慣れてきたようです」と言われてちょっと安心。言ってみれば「子どもの主体性」をどう育むかって話なんだろうけど、先生曰く「保育士が働きかけるというよりは、環境全体で働きかける」ことを大切にしていると。この話、まったく同じ言葉ではないにせよ第6章で書いた小金井市立小金井保育園の園長の小方さんもおっしゃっていたよなぁと反芻《はんすう》。そういう意味では、地域性や風土だけでは片付けられない、やはり園そのもの（特に公立保育園に感じるけど）が培ってきた「子どもの成長の〃根っこ〃を育てる」ことの大切さを再認識したのでした。

実家の多大なる協力があってこそ

今回の家族二拠点生活で多大なるサポートをしてくれているのが、妻の実家のじいじ、ばあば、A子伯母さん（妻の姉）の三人だ。仕事や娘たちの病院（風邪とか検診とか）の都合で妻が保育園に行けないときに田畑仕事の合間にサポートしてくれるじいじ、週に何度かご飯を一緒に作ってくれ身の回りのことを支えてくれるばあば、そして、いつも娘たちの遊び相手になってくれるA子伯母さん。次女ナルはじいじが大好きでべったり。ミコもじいじやばあばについていって野菜の収穫を手伝ったり、サブカル色の強いA子伯母さんの部屋でゲームをさせてもらったり（笑）。

また、妻のお兄さん家族もちょくちょく訪れるので、そこの男の子、つまりミコにとっては従兄弟で一個上の小学一年生のK太郎くんともまぁ仲良し。そんな感じで、滋賀や東京にいたときよりも明らかに日常的に人に囲まれる、賑やかで恵まれた環境で子どもたちは育っていると思う。

都会の単身赴任に差し伸べられた意外な手

さっき「ああ、孤独ってこういうことか」って感じていると書いたけど、僕には僕で想定外の嬉しい出来事もあって。僕はいま品川駅までドアツードアで一〇分ほどの都心のアパートでひとり暮らしをしているわけなんだけど、その物件が大家さんの家の二階の一部を借り

大家さんが差し入れてくれる「ボリューム定食」。

ているというもので。大家さんの家の一部というと昔の下宿みたいなイメージをもたれそうだけど、ちゃんと独立した玄関があって、壁も厚いので実感としては「大家さんが隣に住んでいるアパート」って感じだ。

その大家さんは七〇代後半の奥さまで、僕のことをよく気にかけてくれるんです。「単身赴任大変でしょう……」って。玄関越しでよくお話をするんだけど「ね、ちゃんと食べてる？　ちょっと待っててね、あとで電話するわね」と言われて部屋に戻って仕事をしていると、さっそく電話。「できたわよー！」と。そこから僕が家で仕事をしているときになんと、たびたびご飯を作ってくれるようになって。これがまたすごい量なんですわ（笑）。ありがたいんだけど、「俺は育ち盛りの野球少年かーい！」ってくらい半端なく、食べきれない。でも、本当に嬉しくて。仕事の関係で引っ越してきて、現段階では近所に友人・知人もいないなか、こうやって自分に積極的に関わってくれる人がいるってこと自体、ほんとに救われる。最近では、「あんまり美味しくないんだけど……」とおっしゃりながらも、なぜか定期的に取り寄せているというシークワーサージュースや、カップラーメンやスプーンやお皿まで提供してくださる大家さん。いつもありがとうございます！

「struggle（もがく）」を書いて開くこと

ということで、近況報告でした。なんとかやっております。そして、いよいよ最後です。この本を書いているなかで、尊敬する旧知の編集者さんが、僕のこの「家族」の変遷を「struggle（もがく）」という言葉で表現してくれました。なるほど、確かに言われてみればそうかも。僕たち家族は、もがいてきたんだなと。

と同時に、こんなことを書きながらも「もがき具合も、人と比べることってできないよな」と思っていて。みんな大なり小なりいろんな質感できっともがいているんだろうと。でもそのプロセスってあまり外部に言語化されない。というか、宴席とかでは話したりするかもしれないけど、みんなその「結果」だけ知ることになる。「ああ、あの家族、結局田舎に引っ越すことにしたんだ」とか「ああ、あそこの息子さん、お受験することに決めたんだ」とか「やっと子どもが産まれたようだ」とか。

でも、その逡巡のプロセスも、いろんなレベルで共有できた方が面白い。人はそこここそを

妙高山を望む大自然のなかで遊ぶ長女ミコ。

隠したがるし、それもわかる気がするけど、僕は「仕事」において「家族」を犠牲にしてきたから、こうやって「書くこと」を通じて、「仕事」と「家族」を再度ごちゃ混ぜにしたいと思っているというか、その状況を開いていきたいと思っているというか。せめてそれをやらないと「生き様」とまで言うと大袈裟かもしれないけど、示しがつかないというか。そんなことを感じながら、この本を書き続けてきた。

「生き様」と書きましたが、それは端的に言えば「表現者」として生きてきたってことです、僕の場合は。しかも人々の暮らし、私的な日常、ザラザラしていて一筋縄ではいかない人間関係、それらが育まれるコミュニティという舞台、そういったことをテーマに、ときに地域の現場に入って音楽を奏でたり、文化事業を企画したり、ときに自分の考えをこうやって執筆し出版してきて。ちょくちょくこの本のなかにも「表現」という言葉が出てきたと思うけど、もし読み返してくださるならば、この「表現」というキーワードも頭に置いてもらえれば嬉しいです。

一年九ヶ月、ほぼリアルタイムで書いてきた「ホカツと家族――家族のカタチを探る旅」。ラストを書くにあたって、最初から読み返してみたけど、まぁ本当に当初は想定してなかったことが起こりまくって。それも含めてわりと正直に「もがくプロセス」を表現できたかと思います。そしてそのプロセスはこれからも続いていくわけなんだけどね。

ああ、どうなるんだろう？　ほんまにわからん。みんなどんな感じかな？　これはね、あくまでアサダ家というひとつの「家族」の物語。次は、皆さんの「家族」の「struggle」もぜひ教えてください。

おわりに

東京と新潟での家族二拠点生活を始めて早半年が経った。なんとか月二回二泊三日、新潟に通うペースを維持し、二週間ごとに明らかに成長を遂げている娘たちとのかけがえのない時間を噛みしめている。

この本では、東京での保活に始まり、家族のカタチを自分たちなりに考え、少しずつ変えてゆく創意工夫と逡巡《しゅんじゅん》のプロセスについてリアルタイムで書いてきた。また、執筆当時から取材対象が決まっていたわけではなく、その時々に「いまこの人（家族）に話が聞きたい」と思って、北は北海道石狩市から南は愛媛県今治市まで友人・知人たちに会ってきた。他人ごとが自分ごととなり、多様な「家族」の在り方の想像力が増すことは、時に「人さまと比べてしまう」という意味では僕ら家族の不甲斐《ふがい》なさに苦しむこととなり、時に「こんな生活もありえるかも」と未来に希望を膨らませるきっかけにもなった。そして、その目まぐるしく移り変わる僕ら家族のもがきをとにかく「書いて開く」ことで、「僕らはどこかで暮らす別の家族の悩みとつながっている」と思える状況作りをしてきたと思う。そして、いよいよみなさん。最後まで読んでくださったということで……。誠に心からお礼を申し上げる次第だ。

最後に本書で取り上げた仲間たちのその後の変化について簡単に触れておこう。東京都小金井市在住の長澤麻紀さんは「子どもと一緒にこのまちで楽しく暮らす」というテーマを深めるなかで、長年勤務した会社を退職し、現在は社会福祉士の資格学校で勉強中。また小金井保育園園長の小方久美さんを招いての「スナック・オガタ」は、僕がディレクターを務めた小金井市のアートイベントで出会った先輩ママ・高橋雅栄さんとのコラボレーションに発展。麻紀さんが言っていたように、保育からより広い意味での「子育て」をテーマに、麻紀さん・オガちゃんコンビは揺るがなく活動している。

また、松尾力さん真奈さんが暮らす東京都文京区のシェアハウスは、そのあとパートナー家族の松島夫妻が、自然のあるところでの子育てを目指して、妊娠後期に神奈川県葉山町に移住。そこでも新たにシェアハウスで暮らしているとのこと。真奈さん宅は、自身の活動で知り合ったカップルが一組入居し、のちに結婚。その後、この二人は真奈さん宅を離れ、現在、長野県辰野町に移住した。代わりに、短期滞在中のまきおさんの友人女性が新たに加わり、二〇一九年一一月現在は、松尾夫妻と二歳八ヶ月になった玄くんと、まきおさん、友人女性の五名が暮らすシェアハウスになっている。真奈さん曰く「玄が大きくなるにつれて、シェアハウスで子育てしていて良かったなぁと思うことは多いです。特に夫は〝シェアハウス以外での子育ては考えられない……〟と言っています。一緒に住んでくれている人がほんものの家族と思えるような、そんな暮らしを継続しています」とのことだ。

漆家には、本文でも触れた通り、取材直後に三女みえちゃんが誕生。取材時に病気で入院されていたお母さまも退院されて、平穏な日常を暮らしているとのこと。久保田茜さんたちも、どんどん島での生活に溶け込み、夫のテツさんとの二拠点生活ゆえのさまざまな苦労はあれど、茜さん曰く「島での毎日の生活は幸せすぎる」とのことだ。

最後の最後に、謝辞を。取材に快く応じてくださった親愛なる「家族」の皆様方にまずお礼を申し上げます。そして、連載当時から最後までリアルタイムに第一読者として率直なコメントをくださり、筆の遅い僕を叱咤激励してくださった平凡社の菅原悠さん、ありがとうございました。そしてそして、妻へ、ミコへ、ナルへ、新潟のお義父さんとお義母さんとお義姉さんへ、遠方からいつも気にかけてくれている大阪の親父とおふくろへ、深く深く感謝の意を表します。

二〇一九年一一月吉日　東京都品川区の自宅兼アトリエにて

アサダワタル

アサダワタル

1979年生まれ。大阪出身、東京⇆新潟在住。文化活動家／アーティスト。文筆家、社会福祉法人愛成会品川地域連携推進室コミュニティアートディレクター。2000年からバンド活動を始め、その後、関西でNPOや寺院に勤めながら「社会活動としてのアート」を展開。10年にフリーとなり、全国各地に滞在し、企画や執筆を手がける。著書に『住み開き 家から始めるコミュニティ』（筑摩書房）、『コミュニティ難民のススメ 表現と仕事のハザマにあること』（木楽舎）、『表現のたね』（モ*クシュラ）、『想起の音楽 表現・記憶・コミュニティ』（水曜社）、編著に『アール・ブリュット アート 日本』（平凡社）など。東京大学大学院、京都精華大学非常勤講師。博士（学術）。

ホカツと家族

家族のカタチを探る旅

2019年12月18日　初版第1刷発行

著　　者　アサダワタル
イラスト　米村知倫
デザイン　鈴木千佳子

発 行 者　下中美都
発 行 所　株式会社平凡社
〒101-0051　東京都千代田区神田神保町3-29
電話　03-3230-6584［編集］　03-3230-6573［営業］
振替　00180-0-29639
印　　刷　株式会社東京印書館
製　　本　大口製本印刷株式会社

ISBN978-4-582-83822-0　NDC分類番号367.3　四六判（18.8cm）　総ページ284
平凡社ホームページ　https://www.heibonsha.co.jp/